Acheter et vendre du conseil

Éditions d'Organisation
Groupe Eyrolles
61, bd Saint-Germain
75240 Paris Cedex 05

www.editions-organisation.com
www.editions-eyrolles.com

Stéphane ADNET

Acheter et vendre du conseil

Les meilleures pratiques

Préface de Bernard Coulaty

À Carol, à Manon.

Sommaire

Partie I
Savoir vendre, condition de survie des consultants

Partie II
Un impératif : se situer dans son environnement

Partie III
Les clés de la réussite

Chapitre 1 – Un marché B to B particulier 83

Chapitre 2 –Vente du conseil, comment devenir
meilleur? 91

Chapitre 3 – Achat de conseil, faire le bon choix!........ 105

Préface

Complexité croissante de la conduite des entreprises et des organisations, plus grande sensibilité des dimensions humaines et sociales qui débordent largement le cadre de l'entreprise, crise du modèle de motivation et de mobilisation des collaborateurs, pression du court terme… Voilà autant de défis qui rendent la prise de décision managériale et la conduite du changement plus incertaines.

Dans ce contexte, le recours à un «conseil en management» devient donc plus naturel, plus régulier, voire un gage de professionnalisme. Plus personne ne pense : «*Ah, il fait appel à un conseil en management pour pallier ses lacunes, parce qu'il ne sait pas décider seul…*»

Mais que veut-on exactement et qu'attend-on d'un consultant? Résoudre un problème… ou conduire un changement? Des outils… ou la méthodologie pour s'en passer? Aider à accoucher d'un objectif dans un contexte donné… ou accompagner la réalisation d'un objectif déjà établi?

Devant ces questions, le décideur n'aurait-il pas déjà besoin d'un premier conseil pour faire émerger son *vrai* besoin? N'est-ce pas le rôle du conseil en management de faire accoucher l'entreprise, et son dirigeant, de sa demande et de **vendre ce qui n'existe pas… ou pas encore**?

C'est ici qu'entre en jeu la démarche commerciale du consultant. Mais qu'achète-t-on? Assurément, une réponse personnalisée et «sur mesure» à une demande par définition unique. On n'achète pas la réponse à une question qui se pose ailleurs ou à toutes les entreprises au même moment! On n'achète pas non plus une approche «copier-coller»! Le sur-mesure que l'on nous propose est parfois du prêt-à-porter relooké! On achète encore moins la voiture avec toutes les options si l'on veut simplement aller d'un point A à un point B en toute sécurité! Enfin, on n'achète certainement pas ou pas encore… la mission suivante!

La démarche commerciale du consultant est très délicate. Il lui faut à la fois comprendre le problème et le besoin exprimés, être sensible au contexte de l'entreprise et intégrer la dimension culturelle et le style de management du dirigeant. C'est ensuite au commanditaire de l'action de conseil de choisir le consultant qui interviendra directement au sein de l'entreprise et qui sera donc exposé à un certain nombre de ses cadres ou dirigeants.

C'est alors que tout commence. Mais l'on n'a véritablement acheté la mission de conseil que lorsque celle-ci se termine.

L'ouvrage de Stéphane Adnet est unique en son genre puisqu'il pénètre le business modèle et les coulisses du conseil en management et donne à ses lecteurs, qu'ils soient consultants ou dirigeants d'entreprise, des clés pour mieux appréhender ce métier dans son interface avec le client.

Bernard COULATY
Directeur des Ressources Humaines de Pernod Ricard Europe

XII

Avant-propos

Les cordonniers sont les plus mal chaussés. Appliqué au conseil, cet adage permet de mesurer l'ampleur du défi, et, proportionnellement, l'intérêt du livre de Stéphane Adnet.

Qui d'autre, en effet, serait mieux placé que les cabinets eux-mêmes pour réfléchir et «s'autoconseiller» sur ce qui fait les «facteurs clés de succès» du métier, à savoir, dans un secteur devenu de plus en plus concurrentiel et de moins en moins «aristocratique», l'art de vendre et d'acheter du conseil?

Dans ce domaine, le conseil doit suivre les mêmes règles que celles qu'il applique chez ses clients : c'est ce que fait Stéphane Adnet, en assumant la posture acrobatique de l'*insider outsider*. En réalité, cet ouvrage innovant par son parti pris nous explique que le monde du conseil est en train de faire sa mue. Il pose *in fine* une question fondamentale, pour les cabinets comme pour leurs clients : celle du rôle grandissant, mis en lumière par les grandes tendances du développement durable, des externalités de l'entreprise.

Plus que dans tout autre métier, et en avance de phase pour ainsi dire, la question de «l'art de vendre et d'acheter» du conseil se situe au cœur même de la démarche de production de conseil. Réfléchir sur l'art de vendre et d'acheter du conseil, c'est déjà réfléchir sur l'acte même de produire du conseil. En réalité, produire du conseil, dans la forme épurée du geste, signifie pour un consultant sans cesse reposer la question du vendeur et de l'acheteur. C'est le mythe de Sisyphe du consultant. En réalité, produire du conseil est une attitude qui commence au moment de l'acte de vente et de l'acte d'achat correspondant. Plus le conseil, dans sa production, s'éloigne de ce geste originaire, plus il s'éloigne de l'essence même du métier, plus il se mue en « service ».

L'art de vendre et d'acheter du conseil a toujours constitué un « acte de foi ». Il s'agit en effet, jusqu'à un certain degré, de confier à une « externalité » les clés de votre entreprise. Comme toutes les fois cependant, elle repose sur des « cérémoniaux » qui doivent s'actualiser avec leur époque. La messe du consultant ne peut plus être dite en latin.

Stéphane Adnet a très bien identifié et analysé cette évolution : le métier du conseil devient, pour ses clients comme pour ses fournisseurs, bien plus comparable aux autres. Cela ne signifie pas qu'il s'est banalisé, mais qu'il doit défendre sa valeur ajoutée **sans se retrancher exclusivement** sur sa spécificité. Cela induit qu'il doit s'inspirer des bonnes pratiques des autres métiers, au moins autant que les autres métiers s'inspirent, et continueront de le faire, des bonnes pratiques produites par le conseil.

Sous nos yeux, Stéphane Adnet décortique l'acte de vente et d'achat du conseil à l'aune d'une mécanique quasi industrielle. Le consultant n'en sort pas indemne dans ses propres convictions. Voilà un ouvrage à mettre d'urgence entre les mains d'un client.

Jean-Luc PLACET
Président de la Fédération européenne des associations
de conseil en management
Président de SYNTEC Conseil en management
Président du cabinet de conseil IDRH

Introduction

Un triple objectif

Cet ouvrage vise tout d'abord à établir un état des lieux de l'achat et de la vente des prestations de conseil : qui est concerné ? Quelles sont les règles à connaître et les outils à mettre en œuvre pour ne pas se tromper ? Comment réussir l'achat et la vente de conseil ?

Son deuxième objectif consiste à démontrer que cet achat et cette vente répondent à des caractéristiques spécifiques, distinctes de celui et de celle de biens matériels et à donner aux lecteurs les atouts pour comprendre en quoi cet achat et cette vente sont particuliers.

Enfin, ce livre vise à donner modestement l'opportunité aux lecteurs, consultants et acheteurs de conseil de mieux se comprendre et de saisir leurs enjeux et leurs contraintes respectifs afin d'améliorer les relations professionnelles entre ces deux familles d'acteurs en définissant quelques priorités d'action à développer et en concrétisant quelques conseils pratiques pour chacune d'entre elles.

Ce triple objectif, à la fois simple et ambitieux, consiste, dans une première partie de l'ouvrage, à s'interroger sur la nature de la vente de conseil et les enjeux du marketing et du développement commercial du conseil.

La deuxième partie du livre donne au lecteur les clés pour comprendre les menaces et les opportunités qui se font jour sur le marché du conseil et les tendances qui y apparaissent. L'étude de l'environnement permet au cabinet de conseil de choisir son positionnement et de structurer sa fonction «développement commercial» en conséquence.

La troisième partie enfin évoque les fondamentaux du marketing Business to Business et détaille les caractéristiques spécifiques de l'achat et de la vente du conseil. Elle propose au lecteur des facteurs de réussite pour vendre le conseil avec efficience et pour l'acheter sans se tromper. Le dernier chapitre liste ainsi les actions prioritaires à mettre en œuvre afin de développer une activité de conseil avec succès.

À qui s'adresse cet ouvrage?

Il cible les populations de consultants, qu'ils soient salariés de grandes ou de petites structures, managers expérimentés, débutants, indépendants ou consultants internes. Il s'adresse également aux professionnels qui œuvrent à la périphérie du secteur du conseil : les experts-comptables ainsi que les professionnels du recrutement et de l'outplacement. Il est également destiné à un public d'utilisateurs et de prescripteurs du conseil : les différents commanditaires des prestations de conseil au sein des entreprises, les acheteurs de conseil, spécialisés ou non spécialisés. Enfin, cet ouvrage s'adresse également à un public d'étudiants en formation initiale ou continue des cursus spécialisés dans les métiers du conseil et de l'achat et ceux dédiés aux ressources humaines, au marketing, à la gestion d'entreprise, etc., et qui permettent de s'orienter ensuite vers les nombreux métiers de conseil associés à ces disciplines.

Outre des schémas, extraits d'études, graphiques et tableaux, cet ouvrage est enrichi par des interviews de spécialistes aguerris à la question de l'achat et de la vente de conseil, regroupées en fin de chapitre. Il comporte enfin des encadrés présentant des compléments, des éclairages et des conseils pratiques. Bonne lecture !

Partie I

Savoir vendre, condition de survie des consultants

Le terme de «conseil», utilisé tout au long de cet ouvrage, recouvre une acception large du métier. Il englobe ici d'une part le périmètre du secteur du conseil dit en management, selon la définition du syndicat de la profession, SYNTEC Conseil en Management, qui, lui, exclut les professions régies par des ordres professionnels (experts-comptables, commissaires aux comptes, avocats, conseillers juridiques). Mais le périmètre du conseil évoqué dans ces lignes concerne également d'autre part toutes les actions de formation, quelle que soit leur spécialité (formation au management, commerciale, etc.). Enfin, le périmètre étudié comprend aussi les activités de conseil des cabinets d'expertise comptable, le conseil en recrutement, l'évaluation et l'approche directe (la chasse de têtes), les sociétés d'études, d'ingénierie, les conseils en services informatiques, enfin les sociétés d'outplacement.

Chapitre 1

Les consultants sont-ils faits pour vendre le conseil?

Les enjeux des acheteurs et des vendeurs ne sont bien évidemment pas les mêmes. L'acheteur doit satisfaire son commanditaire interne, dans les meilleures conditions possible. Il souhaite réaliser sa mission en améliorant au mieux les conditions des achats dont il a la responsabilité (amélioration de la qualité, des délais de paiement, réduction du nombre de prestataires, accroissement des marges de négociation, etc.) et obtenir ainsi la reconnaissance de sa hiérarchie.

Dans leur rôle de vendeurs, les consultants sont soumis à la règle des objectifs individuels à atteindre pour réaliser leur chiffre d'affaires annuel. Ces objectifs sont intimement liés à leur rémunération brute annuelle, selon un coefficient multiplicateur qui varie de 1,5 à 3, voire plus. Ce phénomène limite leur capacité à résister à la pression d'un acheteur trop entreprenant, s'ils traversent une période de vaches maigres. Ils auront alors tendance à rechercher des missions à tout prix, quitte à abandonner quelques points de marge. À l'inverse, si leurs perspectives prévisionnelles sont bonnes, leur pouvoir de limiter leurs concessions vis-à-vis des acheteurs sera d'autant plus grand. Les acheteurs s'informent donc sur la santé du marché et tentent d'évaluer où peut en être dans la réalisation de son chiffre le cabinet ou le consultant indépendant auquel ils font appel. Les consultants/vendeurs ambitionnent également d'établir une relation à long terme avec leurs clients. Le mot d'ordre pour eux est donc fidélisation et animation du portefeuille clients.

Le consultant n'est pas un vendeur comme un autre

La spécificité du conseil rend délicat à appliquer, voire inopérant, le modèle de la vente classique développé pour les biens matériels ou les services simples industrialisés. Sa commercialisation repose donc sur des approches spécifiques.

Dans ces métiers, les recettes classiques du mailing, de la plaquette et la prospection «dans le dur» constituent les plus sûrs moyens de décourager les plus téméraires. Or, il n'est pas obligatoirement nécessaire de se transformer en représentant de commerce pour réussir dans ce métier! L'important en conseil n'est pas seulement de trouver le client, mais surtout que le client nous trouve. Il ne s'agit pas de se métamorphoser en commercial, mais de rester soi-même, dans une approche respectueuse de la position d'expert qu'adopte souvent le consultant. Peu de gens peuvent acquérir les compétences pour devenir un expert. La grande majorité saura en revanche maîtriser un bon processus de vente, avec un peu d'aide, de pratique et surtout d'envie.

Dans les cabinets de taille importante, les missions «entrent» spontanément grâce à l'image, à la notoriété acquise et au tissu relationnel des associés, des directeurs et des managers qui savent faire fonctionner le bouche-à-oreille et utiliser leurs réseaux comme outil de développement. Ils entretiennent ces réseaux et les animent, publient des ouvrages ou des articles dans des revues spécialisées, dédiées à des cercles privilégiés de décideurs. Il ne s'agit pas dans le cas présent de véritable démarche commerciale, mais plutôt d'une approche par lobbying et par cooptation. La réputation des grands cabinets leur permet de limiter la prospection et facilite la prescription, ce

4

qui n'est pas le cas pour la plus grande partie des acteurs du marché du conseil, particulièrement atomisé.

Or, d'après Philip Kotler et Richard H. Connor[1], certains praticiens des cabinets de conseil aiment à se considérer comme détachés des considérations commerciales dans l'exercice de leur profession. Ils aimeraient croire que les clients viendront à eux en nombre suffisant sans aucun effort systématique de leur part, simplement parce qu'ils ont acquis une bonne réputation. Ils parient sur le seul potentiel de développement lié à la capacité de leurs clients satisfaits à porter «la bonne parole». Le contexte concurrentiel actuel, en France et en Europe, ne permet que très rarement cette approche, qui reste cependant vraie pour certaines marques. Ces «signatures» se positionnent dans des domaines de conseil spécialisés (McKinsey, BCG pour le conseil en stratégie par exemple) ou pour des entreprises de conseil occupant des niches (métier ou sectorielles) où elles sont parfois devenues incontournables.

Les consultants doivent donc apprendre à se vendre et à développer leurs compétences dans ce domaine. Il ne s'agit pas de vendeurs comme les autres : leur principal atout réside dans leur capacité à générer la confiance de leurs interlocuteurs par la preuve de leur expertise. Pour cela, il leur faut cependant parvenir à provoquer la rencontre. Il ne s'agit pas pour eux de tenir un stand sur un salon ni de s'épuiser à faire de la prospection téléphonique en masse. Ils ne doivent cependant pas s'exonérer d'utiliser des moyens de communication pour se faire connaître.

---

1. Philip Kotler est professeur de marketing international à la Kellogg Graduate School of Management, université de Northwestern, et Richard H. Connor est président de Synergy Corporation, à Springfield, aux États-Unis.

L'achat de conseil n'est pas un achat comme un autre

«J'aimerais convaincre les cadres dirigeants de l'entreprise que l'achat de conseil est un achat comme un autre», déclarait en 1997 Maurice Lointiez, alors directeur des Achats d'Elf Antar France. Son mot d'ordre était de rationaliser l'achat de prestations intellectuelles du premier groupe pétrolier français, jusqu'alors géré de façon dispersée, directement par les utilisateurs eux-mêmes. L'objectif avoué était d'éviter l'enracinement de certains consultants au sein de l'entreprise et de tirer les prix à la baisse. On constatait la même ambition à l'époque chez IBM ou Zeneca Pharma. En 2004, la rationalisation des dépenses de conseil était à l'œuvre au sein du Groupe La Poste (100 millions d'euros y sont consacrés aux prestations intellectuelles!), sous la responsabilité de Philippe Lazare, directeur des Achats, qui déclarait : *«Notre rôle est de professionnaliser le processus d'achat en définissant mieux les besoins, en vérifiant si une mission sur le même sujet n'a pas déjà été effectuée dans une autre division et en introduisant des critères d'évaluation de la performance. Il est caricatural de penser que nous acquérons les services de conseil comme n'importe quel autre matériel.»* Voilà autant d'acheteurs que de points de vue différents !

Un achat complexe

Les facteurs de confiance, d'expertise et de notoriété jouent un rôle majeur dans le processus d'achat. L'achat de conseil n'est en fait pas comme les autres, pour la simple raison que la qualité du consultant lui-même s'avère prépondérante. Lors de l'achat d'un bien matériel, le critère de qualité se trouve bien sûr également pris en compte. Mais il s'agit d'une qualité mesurable, dont les paramètres peuvent être exprimés dès le niveau de l'appel d'offres. Certaines normes professionnelles permettent de préciser exactement ce que l'on souhaite et de vérifier que ce qui est livré est conforme à la demande. En matière de conseil, l'exercice est éminemment plus difficile.

Les achats de conseil sont d'un type particulier, sans doute le plus difficile à piloter, car ils ont trait à quelque chose d'intangible et sont emprunts de subjectivité. L'acheteur de conseil, comme tout autre acheteur, doit prouver sa valeur ajoutée, son utilité, non seulement en termes d'économies, mais aussi de qualité des fournitures, qu'il s'agisse de crayons, de petits pois ou de prestations intellectuelles complexes.

Pour la fonction achat, cette complexité intervient surtout du fait du caractère immatériel de l'achat de conseil, qu'il convient ici de souligner. Il revêt en effet un caractère complexe, car sa qualité se mesure difficilement. Il s'agit avant tout pour le client de trouver le prestataire qui saura répondre à son besoin. Pour Olivier Lowes, responsable Ressources Humaines de Snecma, le choix n'est pas si simple : «*On apprend avec le temps à nuancer l'offre et à trouver l'équilibre entre les enjeux de l'action que l'on souhaite engager, la qualité du consultant et les coûts de la prestation.*» Selon lui, le travail de veille sur le marché du conseil n'est jamais terminé : «*La connaissance du marché et de ses acteurs n'est jamais totale, mais c'est aux cabinets de conseil de se faire connaître et d'entrer dans nos modalités de référencement en répondant à nos critères de qualité, de santé financière, de non-dépendance vis-à-vis de notre entreprise, voire du Groupe Safran[1] dans son ensemble.*»

On peut sans doute voir dans la pratique contestable (et contestée par les professionnels du conseil) des enchères inversées, qui apparaît aujourd'hui sur le marché du conseil, un effet de balancier de certaines surenchères de salaires pratiquées il y a quelques années par les conseils lors de la période dorée (avant 2001) et des dérives de tarifs sans lien avec le niveau de compétences et de responsabilité, notamment en conseil en systèmes d'information.

---

1. Groupe international spécialisé dans les hautes technologies destinées aux biens d'équipement de l'aéronautique, de l'aérospatiale, de la défense, de la sécurité et des communications. Créé en 2005, il marque la fusion entre Snecma et Sagem.

La relation client/fournisseur ne peut fonctionner durablement sur un mode conflictuel. Il faut (re)trouver entre services Achats, clients internes et fournisseurs de conseil une relation mûre, apaisée et mutuellement profitable, loin des abus de position dominante. La tendance s'oriente vers une présence de plus en plus marquée des services Achats à travers la participation au sourcing et la mise en place de panels de prestataires référencés pour les achats de conseil. Cette tendance s'illustre par la création croissante de postes d'acheteurs experts dans le domaine des prestations intellectuelles, dans une logique d'optimisation des achats.

L'œil du professionnel

Le groupe de travail «Achats» de SYNTEC Conseil en Management est né en 2004, une époque difficile pour les consultants, qui voyaient émerger la présence forte des services Achats. Cette création visait à diminuer les pressions exercées de part et d'autre. Donner la possibilité aux consultants de mieux comprendre le fonctionnement de travail et les attentes des interlocuteurs aujourd'hui incontournables que sont les acheteurs, faire valoir auprès de ces derniers les spécificités du conseil devant être prises en compte par quiconque souhaite se procurer la meilleure prestation, tels sont les objectifs que le groupe s'efforce d'atteindre. Un comité consultatif d'acheteurs représentatifs des clients du conseil a d'ailleurs été créé à cet effet au sein du syndicat national.

La meilleure manière d'avancer est le dialogue, aussi utile aux acheteurs qu'aux sociétés de conseil. Il oblige en effet ces dernières à se professionnaliser, en dépassant leur culture de profession libérale et en se préoccupant de leur propre organisation, de leur stratégie et de la maîtrise de leurs coûts. Et il offre aux acheteurs l'opportunité de mieux connaître les cabinets de conseil et de confronter leur vision du marché à celle des consultants. Travailler avec des cabinets de conseil ne peut que leur permettre d'affirmer leur position face à leur direction générale.

Les risques liés aux achats de conseil

L'acheteur de conseil doit se prémunir contre quatre dangers majeurs : le risque de dépendance, le risque juridique, la fuite d'informations confidentielles et la question de la propriété intellectuelle.

Pour garantir la pérennité de l'action engagée, les compétences et l'expertise doivent être transmises. C'est le gage de la valeur ajoutée du consultant. Les conseils l'ont bien compris : le client le plus fidèle est celui que l'on rend autonome et non dépendant de soi.

Dans le cas de l'achat de conseil, une attention particulière doit être portée sur les risques juridiques liés au prêt de main-d'œuvre illicite et au délit de marchandage. On n'achète pas dans ce domaine des CV, mais l'apport de compétences exté-rieures.

Les clauses de confidentialité sont quasi systématiques dans les contrats de conseil. Le consultant s'interdit de divulguer toute information liée à la mission dont il a la responsabilité chez son client.

Enfin, dans la relation client/conseil, protéger les travaux issus de la mission de conseil se révèle crucial. Une clause de pro-priété intellectuelle apporte une garantie au client contre les dépôts de brevets, marques et titres de propriété industrielle pour tout développement réalisé dans le cadre du contrat.

La vente est-elle antinomique du métier de conseil ?

Compte tenu du contexte concurrentiel, la prospection appa-raît donc indispensable pour la grande majorité des acteurs du conseil – suivant des règles qu'il convient de respecter dans ce métier pour s'assurer de son efficacité. Or, l'idée d'approcher directement des clients en tétanise plus d'un! L'image sociale de la vente reste très négative aux yeux des professionnels, *a fortiori* dans le conseil, milieu d'experts, pour qui la démarche commerciale elle-même constitue un non-sens : «*Quelle image vais-je donner de moi si je demande un rendez-vous? Pourquoi accepterait-on de me recevoir? Comment faire face au barrage de l'assistante? Je ne suis pas fait pour ça. Je ne peux pas mentir à mes prospects. Je ne sais pas séduire. Vendre, c'est se conduire en escroc.*» Le lecteur trouvera des éléments de réponse à ces questions et à ces remarques dans cet ouvrage. Même en rejetant cette image dévalorisante du vendeur, il n'est pas si facile de s'en débarrasser. Lors d'une première rencontre, le sentiment qu'éprouve le prospect s'apparente souvent plus à de la méfiance qu'à de la confiance. L'un des éléments clés à assimiler est précisément qu'il n'est pas demandeur, mais offreur… d'idées nouvelles, de solutions aux problèmes du client, spécifiques à son secteur, à sa taille, à son environnement, enfin d'alternatives quant aux choix que le dirigeant est amené à faire.

Les consultants doivent vendre. C'est une, sinon «la», condition de leur survie et de leur réussite. Elle est d'autant plus d'actualité aujourd'hui que le secteur du conseil sait, malheureusement depuis quelques années, que les périodes de récession obligent à beaucoup anticiper en termes commerciaux. Elle prend justement tout son sens dans ces temps difficiles – comme ceux que la profession a connus entre 2001 et 2003 – où l'activité connaît des revers et durant lesquels, si un long travail d'entretien de prospects et de clientèle a su être développé, le consultant peut être plus serein que s'il devait repartir de zéro, au moment où sonne le glas des périodes fastes.

Cependant, la tentation pour le consultant de se rendre à un rendez-vous chez un prospect en pensant qu'il suffit d'être compétent techniquement, de savoir séduire et de convaincre en se montrant à l'écoute, spontané et sincère, pour bien vendre est fréquente. Pratiquer un entretien de vente de cette façon entraîne des difficultés et peut conduire à l'échec. Ce ne sont pas les produits de conseil vendus qui sont en cause, contrairement à ce que le consultant a tendance à penser dès la première déception, mais l'architecture de l'entretien et les techniques d'approche qui sont défaillantes.

Comme le rappelle Jean-Marc Thirion[1], les consultants répugnent généralement à pratiquer la prospection. La démarche est en effet d'autant moins naturelle que le produit qu'ils ont à vendre, c'est eux-mêmes. L'exercice commercial s'avère de fait plutôt périlleux : il faut savoir mettre en valeur son savoir-faire sans donner l'impression de ne parler que de soi, et surtout faire parler le client !

---

1. Ancien président du SYNTEC Conseil en Management et directeur de Devenir, cabinet de conseil des conseils.

Entretien[1] avec Florence Nony,
directeur du Développement social et des Rémunérations
de Redcats Group et présidente du Mouvement
Génération RH (MGRH)[2].

*Quelle sont votre pratique et votre expérience de recours
au conseil ?*

Redcats Group, dont la structure holding est très légère,
emploie 20 000 salariés. Le conseil est utilisé sur des dossiers
ponctuels et bien délimités. On ne peut pas être omniscient et
expert sur tous les sujets ! Le partage d'expériences fait entre
enseignes de Redcats Group et notre holding PPR est très utile,
mais on a parfois besoin de méthodologies d'accompagnement, d'un regard extérieur pour confronter des points de vue
et d'un dialogue avec des spécialistes qui travaillent avec
d'autres grands groupes. La réussite du cabinet est conjointe.
Elle ne fonctionne qu'en cas d'investissement réciproque du
client et du consultant. Le conseil « alibi » est à fuir. Se retrancher derrière le consultant pour lui faire dire quelque chose de
déjà préparé ou que le client sait déjà est à éviter. L'appel au
conseil est synonyme d'apport de compétences non disponi-
bles en interne et surtout de travail d'équipe. Le conseil permet
aussi de faire faire quelque chose que l'on sait faire, mais que
l'on souhaite démultiplier dans un délai raisonnable.

Comment choisir le bon cabinet de conseil ?

Le conseil est un marché dense et atomisé. Le plus souvent, le
choix se fait par prescription interne ou externe grâce aux
réseaux professionnels et par recommandation. Je n'ai jamais
fait une recherche sur Internet ! C'est pour moi extrêmement
rare de donner l'opportunité de travailler à un conseil à la

---

1. Interview de l'auteur du 26 juin 2007.
2. Le Mouvement Génération RH a été créé en 2001 par Edgard Added, président du Groupe RH&M.

suite d'une seule démarche commerciale de sa part. Mon expérience passée de consultante me sert aussi. Je suis sans doute une utilisatrice plus avisée et mon niveau d'exigence est peut-être plus élevé.

L'achat du conseil est-il un achat comme un autre?

Certainement pas. Lorsque j'étais consultante et que je sollicitais des clients, j'étais vexée d'entendre que nous étions des «prestataires». Bien sûr, la formalisation contractuelle de l'achat de conseil se fait comme pour une autre catégorie d'achat. Mais l'*intuitu personae* est primordial. L'obligation de résultat, l'efficacité de l'action mise en œuvre sont beaucoup plus importantes à mes yeux que simplement le prix, car il s'agit de prestations intellectuelles. On n'a pas l'objet acheté en face de soi. L'objectif de réduction des coûts est cependant aussi présent dans ce type d'achat.

Quelles sont les bonnes pratiques de la vente du conseil,
de votre point de vue d'utilisateur?

Mon passé de consultante me permet de mieux percevoir les bonnes façons d'agir efficacement pour développer son business de conseil. La notoriété de la marque joue fortement. Il faut ensuite maîtriser les techniques de prise de rendez-vous, qui s'apprennent relativement facilement. L'art de frapper à la bonne porte consiste aussi à interpeller les prescripteurs internes et non pas seulement les décideurs. C'est une bonne façon de se démarquer de ses concurrents. Ces acteurs périphériques sont moins sollicités, ont une bonne vision d'ensemble et peuvent être séduits par une approche originale qui aidera à «entrer» chez l'utilisateur par recommandation. Il faut éviter de faire du commercial «dans le dur» en conseil. Prendre le rendez-vous ne suffit bien sûr pas : il faut ensuite maîtriser l'entretien, bien comprendre l'attente du client, lui donner un bon souvenir de la rencontre, susciter chez lui le réflexe de rappeler…

Le MGRH rassemble des professionnels RH et des prestataires financeurs. Ce type de relation de sponsoring pour les conseils est-il efficace?

Ce type d'investissement est nécessaire pour un cabinet conseil, mais pas suffisant. Il s'avère très utile pour développer une image, une marque et un réseau parce que les membres travaillent ensemble sur des sujets de réflexion qui donnent lieu à des conférences, des tables rondes et parfois des recommandations aux pouvoirs publics. C'est ce que j'appelle du commercial «soft». Cela ne se réduit pas à un échange de cartes de visite! Les acteurs du mouvement se positionnent comme des apporteurs d'idées. Cela permet de créer un vrai contact qui donne envie sur la durée de poursuivre la relation et éventuellement de décrocher des affaires. J'ai des exemples très concrets et réels sur le sujet. Mais il faut être patient. Si on a besoin de développer du chiffre d'affaires rapidement, ce n'est en revanche pas la bonne solution, à moins d'un coup de chance. Il faut donc combiner les deux approches.

Qu'est-ce qui rend le réseau source de business?

La simple appartenance d'autrefois à un «club service» ne suffit plus pour vivre de son relationnel. C'est une chose de développer un réseau, mais une autre de développer un réseau qui vous fait travailler… La première commande sert de témoin d'un premier travail réalisé et de preuve. C'est la meilleure façon d'être crédible pour attirer d'autres contrats. À l'inverse, pour que le réseau reste légitime, il ne faut pas qu'il compte trop de cabinets conseil. Le risque de se retrouver entre consultants existe, car les DRH ont plus de mal à se libérer et à valoriser le temps qu'ils passent en dehors de l'entreprise à s'oxygéner l'esprit. Tout le monde peut y trouver son compte. Les prestataires qui financent la vie du réseau, des consultants qui apportent leurs méthodologies, des DRH qui accordent du temps à la réflexion et confrontent leurs expériences du terrain. L'équilibre est fragile à trouver. Le MGRH a un avantage considérable : ce mouvement associatif est soutenu par une structure événementielle qui gère l'organisation et l'animation de ses manifestations.

Entretien[1] avec Michel Noiry,
directeur associé de SRM (ex-Salustro Reydel Management),
administrateur de SYNTEC Management,
responsable des études annuelles du marché du conseil
en France et en Europe pour SYNTEC conseil en
Management et FEACO (Fédération européenne
des associations de conseil en management).

*Vous avez une grande expérience de la pratique du métier
de conseil. Que dire des outils liés à sa commercialisation?*

Ce que j'ai pu constater à travers vingt-cinq ans d'expérience,
c'est que certains produits se vendent et d'autres s'achètent.
Les premiers sont les produits qu'on peut bien décrire, packager et proposer à un client dans une démarche d'offre. Pour
les produits qui s'achètent, c'est le client qui fait la démarche et
exprime ce qu'il attend. Mon intime conviction est que le
conseil en management se classe parmi le second type de produits. J'ai essayé à plusieurs reprises de packager les produits
de conseil, mais je n'en ai jamais vendu un seul, alors que je suis
plutôt un bon commercial... Dans l'environnement du conseil,
si vous proposez un produit clés en main à un client, il vous
reçoit, vous écoute avec intérêt, va peut-être vous trouver sym-
pathique, intellectuellement intéressant, mais cela ne suffira
pas pour déclencher l'acte d'achat. Le produit «en boîte» que
l'on pose sur une étagère et met en avant correspond peut-être
à un besoin, parfois non conscient, mais c'est rarement celui
du client au moment où vous le rencontrez. D'autres prestations de services, en aval au métier de conseil, se prêtent plus
facilement à l'exercice de la vente. On peut alors les confier à
des commerciaux dédiés et la vente se fait comme dans tout
autre marché. L'acte commercial reste un mystère dans ce
métier. Les consultants sont des intellectuels qui ne savent pas
bien valoriser leur offre ni optimiser leurs ventes.

---

1. Interview de l'auteur du 15 mars 2007.

N'existe-t-il pas un défaut de ciblage et de réflexion marketing en amont?

Pas toujours. Mon expérience me montre tous les jours que c'est le développement de la marque et de la notoriété du cabinet qui joue le rôle principal. Une marque forte fait toute la différence : elle rassure le client et garantit au conseil un certain degré d'attirance. Les acteurs qui ont réussi à créer cette marque et à la faire durer inspirent un fort sentiment de confiance qui naît dans l'assurance que le prestataire va être capable de traiter son problème. C'est bien sûr le cas pour les plus grandes entreprises de conseil. L'absence de marque forte est le principal handicap des petits acteurs. La marque peut se traduire par une compétence technique pointue, par la solidité d'une entreprise. Ceux qui réussissent véhiculent une image de professionnels intègres. Outre la marque, l'élément clé est d'être en relation avec le plus de clients potentiels possible. Cela suppose donc une surface de contacts la plus large possible. Petite entreprise de conseil ou major, l'ambition est la même, mais chacun n'a pas les mêmes atouts, ni les mêmes moyens de développement de cette surface de contacts.

Comment développe-t-on cette marque?

Le marché est aujourd'hui plutôt favorable. La structuration des achats de conseil dans les grandes entreprises est un atout, notamment pour les structures de conseil de taille moyenne sans une marque encore suffisamment forte. Faire la démarche d'aller vers les acheteurs ne peut être que mutuellement profitable. Le développement des acheteurs spécialisés en conseil accroît la concurrence, déjà très forte, et provoque une baisse des prix, mais l'accès au client est plus facile.

Le contact avec un acheteur est-il aussi intéressant qu'avec le commanditaire, utilisateur du conseil?

Il est supérieur en termes de développement de business, mais moins intéressant intellectuellement, car il permet généralement moins d'approfondir le besoin. L'acheteur pourra en revanche s'exprimer sur des opportunités de collaboration plus nombreuses. Élargir sa surface de contacts avec le marché en étant référencé auprès des directions des achats porte ses fruits, au prix d'une démarche bien organisée et systématique. Cela prend du temps parce que les procédures de référencement sont plus ou moins lourdes et qu'il ne suffit pas de claquer des doigts pour faire partie des panels.

Comment faire alors pour multiplier ces contacts?

La fonction commerciale dans un cabinet de conseil n'est jamais «pure». Je ne connais pas de cabinets qui emploient des commerciaux «purs et durs». La tentation reste forte de dédier cette fonction à des spécialistes de la vente. Pour les métiers du conseil, cela ne fonctionne pas, mais reste une bonne solution dans le cadre de la vente de prestations standardisées, très formatées. La fonction commerciale dans le conseil est étroitement liée à la «séniorité» dans le métier et au rôle opérationnel sur les missions. Pour augmenter sa capacité de contacts, tous les moyens sont bons. La proximité avec des professions connexes au conseil peut être une piste fructueuse. Cela a bien fonctionné pendant longtemps entre le conseil et l'audit. Les consultants bénéficiaient d'un effet de marque et d'une introduction de très bonne qualité de la part de leurs collègues auditeurs. Les tentatives d'alliance du conseil et de l'informatique ont donné de bons résultats à la fin des années 1990 parce que les projets de transformation étaient essentiellement liés à l'informatisation. L'avenir du conseil était-il dans l'informatique? L'an 2000 est passé, les projets de mise en place d'ERP (progiciel de gestion intégré) ont été moins nombreux, les SSII se sont par ailleurs rendu compte que ce marché leur était partiellement accessible. La demande a aujourd'hui changé.

La prescription des réseaux est-elle une voie de secours?

Oui, mais il ne s'agit pas pour moi de réseaux «officiels» professionnels. Les meilleurs réseaux à entretenir si l'on veut durer sur le marché du conseil sont ceux des clients actifs ou anciens.

Ce sont souvent des cercles restreints, très personnels, liés à un historique de relations professionnelles. Je ne pense pas que toutes les formes de réseau soient exploitables : chacun va là où il se sent bien. Démultiplier les appartenances à des cercles divers (Rotary, association d'anciens d'une école prestigieuse, clubs en tout genre) n'est pas porteur. Les réseaux informels du consultant sont ses meilleurs atouts. Je n'ai pas l'impression que les réseaux de relations mondaines à forte exposition médiatique soient efficaces. Ce qui compte, c'est d'être proche de chacun des membres de ses réseaux.

Quel est l'impact des outils de relations publiques en conseil?

Ils fidélisent bien, mais ne rapportent pas forcément de nouveaux clients. Cependant, nos premiers prescripteurs sont nos clients eux-mêmes! Par exemple, les clients invités à une manifestation culturelle (concert ou autre) apprécient le geste et s'en souviennent très longtemps. Maintenir la relation interpersonnelle est le plus efficace. Le meilleur moyen de vendre du conseil, c'est de capter la confiance. Peu importe l'outil pour y parvenir : presse, relations publiques, événementiel. Il faut marquer les esprits et montrer au client que l'on est crédible.

Quels sont les indicateurs commerciaux à suivre?

Les taux de transformation sont connus (pourcentage des offres passées en bons de commandes, en nombre et en volume), mais l'intérêt de leur suivi est limité. Il n'y a qu'une vérité : le chiffre d'affaires facturé. Dans le cadre d'une structure de conseil de taille moyenne ou petite, inutile de construire des tableaux de bord sophistiqués. Si la facturation baisse, c'est que les contrats signés ne sont pas assez nombreux et donc que les offres ne sont pas en quantité suffisante et qu'il est urgent de «sortir» davantage pour aller à la rencontre des clients. La part du chiffre d'affaires par secteur d'activité donne des indications sur la pertinence de travailler avec tel ou tel marché. Cela met en relief les secteurs dans lesquels il faut investir et les autres qu'il convient d'abandonner, car la concurrence y est trop intense, les prix trop bas, les acteurs trop inaccessibles. La profession du conseil vit encore sur un modèle pas très éloigné de celui des professions libérales. C'est dans les cabinets de taille moyenne que l'on voit apparaître les réflexions les plus poussées sur l'efficacité des processus commerciaux.

Pourrait-on améliorer l'organisation commerciale des conseils en s'inspirant de ce qui existe sur les marchés des biens de consommation?

L'écart est trop grand avec les biens matériels de grande consommation. C'est un autre monde. Il existe cependant quelques belles réussites dans certaines organisations de conseil qui fonctionnent différemment de la plupart des grands acteurs, avec une répartition des tâches entre deux types de profils : les «chasseurs» (lesquels se subdivisent entre ceux qui établissent le premier contact et ceux qui transforment la vente) et les «éleveurs», présents chez les clients et faisant prospérer les comptes existants.

Chapitre 2

Enjeux du marketing et du développement commercial en conseil

Vendre un produit virtuel, une promesse de résultat

Comme l'ont écrit Jean-Pierre Bouchez[1] et Jean Simonet dans la «bible» du conseil, *Le Conseil. Le Livre du client et du consultant* (Éditions d'Organisation, 2003), *«dans une logique de réponse à la demande, vendre du conseil, c'est, dans la majorité des cas, vendre un produit qui n'existe pas encore et une prestation à chaque fois unique»*, même si les consultants bâtissent des démarches communes à plusieurs de leurs clients.

Cette affirmation ne reste cependant pas valable dans une logique d'offre, où l'action commerciale s'appuie sur l'existence de démarches davantage standardisées, pour des produits «packagés» : des outils de diagnostic très formalisés, des produits d'études ou d'analyse dont le périmètre est un tout qui

---

1. Directeur des études de Merlane, consultant depuis plus de dix ans, ancien DRH au Giat Industries, Nielsen et Thales. Il est notamment l'auteur des ouvrages *Les Nouveaux Travailleurs du savoir* (Éditions d'Organisation, 2004) et *Manager les travailleurs du savoir* (Groupe Liaisons, 2006).

ne peut être morcelé, des produits de conseil ou de formation sur catalogue. En bref, tout ce qui n'est pas sur mesure.

En effet, ce dernier type de produit de conseil et les actions nécessaires à son développement commercial concernent alors des populations qualifiées par Jean-Pierre Bouchez de «travailleurs du savoir», qui vendent des produits de conseil formatés ou sur catalogue et où prévaut pour le cabinet de conseil une économie industrielle, dite de réutilisation. Les règles de la commercialisation des biens matériels s'appliquent alors dans une certaine mesure dans ce domaine.

À l'inverse, et c'est plutôt ce type de vente qui est évoqué dans cet ouvrage, l'univers du développement commercial des consultants «professionnels du savoir» fait ici l'objet d'une analyse plus fouillée, dans une économie dite de l'expertise. Toujours dans leur «bible», Jean-Pierre Bouchez et Jean Simonet poursuivent : *«Dans la logique industrielle classique, le produit est un bien matériel, tangible, d'abord fabriqué selon des spécifications précises, puis vendu. On peut le voir, le toucher, l'essayer, le stocker, voire parfois en consommer des échantillons. Le conseil fonctionne selon une logique différente, celle des services. Le produit est vendu avant d'être fabriqué. Il sera fabriqué plus tard, avec la participation du client et consommé simultanément. Au moment de la vente, ce produit est encore virtuel : c'est une promesse de résultats.»*

Faut-il structurer l'action commerciale en conseil?

Dans les entreprises de conseil, la fonction commerciale n'est en général ni séparée ni autonome – à l'exception des services communication et marketing pour les grands cabinets –, mais intégrée aux autres dimensions du métier et partagée entre les consultants. Tous participent au développement commercial du cabinet dans la mesure où ils passent la plus grande partie de leur temps chez leurs clients et sont donc tous susceptibles de contribuer au développement de nouvelles affaires auprès de ceux-ci. Tous peuvent être à l'origine de nouvelles missions ou d'extension de missions existantes et contribuer à des actions de *cross selling* (vente de produits différents à un même client au sein d'un même cabinet) en identifiant de nouveaux besoins, sources de nouvelles offres.

Une fonction structurée et pilotée

La fonction commerciale, diffuse par nature auprès de l'ensemble des consultants d'une même société, même si elle est partagée, doit toutefois être structurée et pilotée car, si tout le monde y participe, chacun n'y contribue pas de la même façon.

Ainsi, elle doit être organisée selon la répartition des fonctions et des responsabilités. Tous les acteurs d'une même société de conseil – directeurs, managers, consultants et juniors, service développement dédié – ne feront pas du développement commercial de la même façon, ni même dans les mêmes proportions (pourcentage de leur temps dédié à cette activité).

Par ailleurs, l'investissement commercial de chacun, quel que soit son rang hiérarchique, devra aussi prendre en compte la diversité des motivations, car tous les consultants ne possèdent pas la même aptitude ni le même talent pour la relation commerciale. Cela peut cependant être travaillé et développé grâce à des apports académiques, des mises en situation en formation et action ou encore par l'expérimentation au quotidien. Ce propos pourra surprendre plus d'un professionnel du secteur du conseil, peu familier de ces pratiques – surtout les plus petits acteurs du métier (les grandes structures ont déjà largement investigué ce domaine pour certaines).

Le capital confiance

Certaines entreprises de conseil n'exploitent que très partiellement le potentiel que représentent leurs consultants pour leur développement (grâce à leur présence et à leur travail de veille sur le terrain) de même que l'atout de leur proximité avec leur clientèle : autrement dit, leur «capital confiance». Or, il est admis qu'acquérir un nouveau client coûte environ cinq fois plus cher que fidéliser un client existant. Se priver d'exploiter la relation de confiance existant avec un client déjà conquis serait donc fort dommageable en termes de développement commercial. L'impact d'une bonne gestion de la relation client sur le profit du cabinet de conseil est donc évident. D'une part, ce dernier réalise des économies sur les dépenses d'acquisition et de développement commercial (marketing, relations publiques, publications, publicité, etc.). Ces ressources financières sauvegardées permettent une augmentation du profit ou une plus grande flexibilité des négociations commerciales. D'autre part, le client est sensibilisé de manière constante aux prestations et au savoir-faire du cabinet.

Quelle efficience du marketing en conseil?

«La question qui se pose aux cabinets de conseil n'est pas de savoir s'il faut ou non faire du marketing. Ils en font déjà, dans leur majorité, en tout cas pour les plus gros. La question est : le font-ils avec efficience?» s'interrogent Jean-Pierre Bouchez et Jean Simonet. *«Le sponsoring et les relations presse symbolisent spontanément ce que peut être le marketing des cabinets de conseil. Cette vision est cependant assez restrictive, voire obsolète»*, poursuivent les deux auteurs. Se limiter à ces deux outils conduirait en effet à omettre deux fortes composantes stratégiques du métier qui impactent l'acte commercial en lui-même :

- la nécessaire connaissance fine des marchés et l'attention particulière accordée à la relation client/conseil;
- la très forte intensité concurrentielle du secteur.

L'évolution des besoins des clients et leur degré croissant d'exigence, l'augmentation de cette intensité concurrentielle et l'évolution du portefeuille de produits de chaque entreprise de conseil doivent encourager le consultant à analyser en permanence la façon dont est «managée» la fonction «développement commercial». Cette analyse le poussera à s'interroger sur l'optimisation de son organisation commerciale.

Quelle démarche mettre en œuvre pour créer de nouveaux produits qui répondent aux besoins actuels et futurs des entreprises ? Quel degré de centralisation et/ou de partage de la fonction mettre en place entre les différents acteurs du cabinet qui y contribuent ? Les différents domaines d'activité stratégique de l'entreprise de conseil requièrent-ils tous la même approche commerciale ? Quels outils de développement privilégier dans ce métier ? Comment piloter efficacement les choix d'allocation des ressources commerciales dans le conseil ? Il existe autant de questions que de réponses en fonction de l'objectif prioritaire de l'entreprise de conseil, de la stratégie qui en résulte, de ses atouts et de ses faiblesses sur son marché.

Définir l'objectif prioritaire de l'entreprise

Avant même de commencer à aborder la thématique du développement commercial de l'entreprise de conseil et les choix à faire dans ce domaine, il est indispensable de prendre le temps de définir ce que Jacky Boudeville[1] appelle l'«objectif prioritaire» de l'entreprise elle-même, au regard duquel sont prises les décisions et en fonction duquel les actions de chacun des collaborateurs ont du sens, en particulier dans le domaine commercial.

Définir cet objectif constitue un exercice pertinent pour toute entreprise. Comme le rappelle Jean-Luc Placet, l'entreprise de conseil est une entreprise comme une autre. Aussi petite soit-elle, elle ne doit pas s'affranchir de définir elle aussi sa stratégie. Les choix d'allocation des ressources commerciales découleront alors de l'objectif prioritaire défini par le dirigeant du cabinet de conseil, puisque c'est bien de lui que relève cette responsabilité.

Il s'agit pour ce dernier, quelle que soit la taille de son entreprise, de choisir parmi les objectifs envisageables à atteindre celui qu'il considère comme le plus important à ses yeux. Cet

---

1. Professeur responsable du département Stratégie de l'école de management ESCP-EAP.

objectif dépend d'une part de l'horizon temporel dans lequel s'inscrit la société de conseil et qui doit être clarifié et d'autre part des objectifs personnels de celui ou de ceux qui détiennent le pouvoir de décision dans l'entreprise. Le dirigeant devra choisir, de façon générique, entre :

- l'indépendance (financière) de son entreprise ;
- son enrichissement personnel ;
- son statut, son besoin de reconnaissance sociale ;
- son pouvoir ;
- sa carrière ;
- sa volonté de se faire plaisir.

L'objectif prioritaire de l'entreprise de conseil peut ainsi être défini de façon différenciée à partir des orientations précédentes :

- la croissance, le développement ;
- la pérennité de l'entreprise ;
- sa profitabilité ;
- son autonomie de décision (autonomie financière).

Tous ces objectifs ne peuvent pas être poursuivis simultanément sans concession les uns par rapport aux autres : un objectif particulier primera sur les autres. La volonté de croissance nécessite par exemple un choix de financement qui peut se faire de trois manières : par autofinancement, par emprunt (quelle capacité d'endettement ?) ou par augmentation du capital de l'entreprise en numéraires (qui veut ? qui peut ?).

Ces deux dernières solutions impliquent une autonomie de décision réduite pour le dirigeant et posent la question de l'étendue de son pouvoir et du contrôle de l'entreprise. D'autres « conflits » entre deux objectifs méritent un arbitrage, par exemple entre la volonté de croissance et le souhait d'une profitabilité rapide… Le choix de l'objectif prioritaire influencera fortement les choix de développement commercial qui suivront et les ressources humaines, financières et temporelles qui pourront y être dédiées. Ce choix doit être confronté à une analyse stratégique du secteur et au positionnement du cabinet qui en découle, en fonction de ses atouts et de ses faiblesses sur le marché. Cette analyse fait l'objet de la deuxième partie de cet ouvrage.

Un impératif : se situer dans son environnement

Décider d'allouer ses ressources au vaste domaine du développement commercial (communication, relations presse, événementiel, publicité, mécénat, sponsoring, plaquette, etc.) nécessite au préalable de positionner son activité de conseil dans le champ concurrentiel. C'est par rapport aux menaces et aux opportunités et à l'intensité concurrentielle ainsi analysées que les actions de développement commercial ayant du sens et efficaces au regard du positionnement choisi peuvent être déduites. Les chapitres suivants proposent une analyse de l'environnement et une analyse des tendances lourdes œuvrant dans le secteur d'activité du conseil afin de définir le positionnement stratégique le plus pertinent de l'entreprise de conseil et l'organisation de son action commerciale.

Chapitre 1

Un environnement très concurrentiel

La description et l'analyse globale du secteur du conseil présentée dans les pages suivantes s'appuient sur le modèle des cinq forces de Michael Porter[1]. Cette analyse se limite ici aux caractéristiques communes à l'ensemble des segments qui découpent le secteur du conseil tels que précisés en introduction de cet ouvrage (voir p. XV).

Forte menace de nouveaux entrants

Le secteur est caractérisé par l'absence – *a priori* – de barrières à l'entrée. C'est un métier de services qui ne nécessite pas de capitaux ou d'investissements matériels pour créer une entreprise : «*On peut s'installer en tant que consultant avec un téléphone et un ordinateur.*» Ce n'est pas une profession réglementée, à la différence des métiers du chiffre (expertise comptable, commissariat aux comptes, audit), du droit (avocat, conseil juridique) ou de la médecine, ni une activité où se manifestent des économies d'échelle : on peut être rentable en étant de petite taille.

---

1. Professeur de stratégie économique et de marketing à l'université d'Harvard.

En réalité, il existe bien de fortes barrières d'entrée indirectes : le poids de la relation client et de l'expérience (les références) et la réputation ou la notoriété du consultant ou de l'entreprise de conseil. Or, de nouveaux acteurs apparaissent sur le marché du conseil. Ainsi, certains demandeurs d'emploi créent leur propre structure et perturbent l'offre et les prix, en travaillant précisément hors des prix de marché (en dessous de ces prix bien sûr).

Quant aux entreprises de travail temporaire, grâce à la loi de cohésion sociale du 1er janvier 2004, elles sont autorisées en France à exercer sur le champ des cabinets de recrutement et filialisent d'autres activités dédiées au conseil (Manpower rachète Right Management ou Adecco rachète Altedia par exemple).

Citons aussi les sociétés de conseil étrangères qui investissent le territoire national ou encore les institutionnels (les chambres du commerce et de l'industrie en particulier), qui sont de faux nouveaux entrants qui développent des prestations de prédiagnostic (ressources humaines, systèmes d'information, etc.) et perturbent eux aussi le marché aux yeux des dirigeants de PME notamment. Ces derniers y voient en effet l'accès à un (faux) conseil gratuit.

Enfin n'oublions pas les spin-off de grands cabinets de conseil ou de grandes entreprises. La menace de nouveaux entrants potentiels est donc forte.

Dépendance accrue vis-à-vis de certains fournisseurs

D'une façon générale, les fournisseurs ne sont pas des partenaires importants pour les entreprises de conseil, car celles-ci vendent leurs compétences internes (leurs propres ressources humaines) et non des biens fabriqués à partir de matières premières achetées à l'extérieur.

Pourtant, si l'on prend le terme de fournisseur au sens le plus large, certains peuvent gagner en importance. Il s'agit des grandes écoles ou universités et des entreprises d'une part et des fournisseurs dits «de moyens d'intervention» d'autre part.

Les grandes écoles et les universités

On peut considérer que les sociétés de conseil s'approvisionnent en compétences auprès des grandes écoles et des formations universitaires qui leur fournissent des candidats à la recherche d'une première expérience professionnelle : le conseil reste l'un des premiers secteurs recruteurs de jeunes diplômés de l'enseignement supérieur.

Comme l'évoquent Isabelle Fagotat et Jean-Baptiste Hugot[1], les jeunes diplômés des grandes écoles s'orientent en masse vers le secteur du conseil : 26 % des diplômés d'HEC en 2005 ont intégré un cabinet de conseil et cette activité représentait en 2004 la première fonction choisie par les étudiants de l'ESCP-EAP. Le conseil permet aux jeunes diplômés de ne pas se spécialiser d'emblée : ils exercent ainsi un métier qui leur permet de découvrir plusieurs secteurs d'activité, des tailles et des problématiques d'entreprises différentes et leur donne accès à des interlocuteurs de «haute contribution» : présidents, directeurs généraux, décideurs. Il s'agit cependant rarement d'un choix de carrière durable, mais d'un début de parcours professionnel s'apparentant à un troisième cycle.

Les grandes écoles et les universités fournissent aussi aux consultants des ressources en termes de théories, de concepts (recherche «universitaire»), de modèles et d'études susceptibles de les aider à élaborer et à formaliser leurs méthodes d'intervention. Certains cabinets créent d'ailleurs des chaires d'entreprises auprès de ces institutions, adossées à tel ou tel

---

1. Pour en savoir plus, reportez-vous à leur ouvrage *Entrer et travailler dans le conseil et l'audit*, Éditions du management (2006). Jean-Baptiste Hugot est par ailleurs l'auteur depuis 1990 du *Guide des cabinets de conseil en management*, dont la huitième édition est parue en 2007 aux Éditions du management.

mastère spécialisé, afin de participer à des travaux de recherche dédiés à leurs spécialités.

Les entreprises

Les entreprises fournissent également des ressources humaines aux cabinets de conseil. Il en va ainsi par exemple des managers passant au conseil. La frontière entre le monde de l'entreprise et celui du conseil est ainsi devenue beaucoup plus perméable qu'il y a quelques années. Les entreprises livrent par ailleurs des bases pour des études de cas et des témoignages d'expériences terrain, utilisés ensuite en cours d'intervention.

Les fournisseurs de «moyens d'intervention»

D'autres fournisseurs peuvent également gagner en pouvoir de négociation : il s'agit des fournisseurs dits de «moyens d'intervention», qui s'intègrent dans l'offre du conseil et participent à sa chaîne de valeur. Citons parmi ceux-ci les plus représentatifs :

- les fournisseurs en systèmes d'intervention (des outils informatiques notamment);
- les assureurs (responsabilité professionnelle);
- les «fournisseurs de moyens de déplacement» (hôtellerie, compagnies aériennes, restauration).

Ces derniers peuvent gagner en importance pour des sociétés de conseil régionales, dont les cibles se composent en grande partie de grands comptes basés dans la capitale. Le risque de renchérissement des frais de déplacement représente un surcoût sans valeur supplémentaire perçue par le client. Le risque de ce coût supplémentaire directement à la charge du client est réel.

En synthèse, il s'exerce sur le marché une dépendance théorique faible vis-à-vis des fournisseurs du secteur du conseil. Les entreprises qui en font partie auront cependant de plus en plus intérêt à porter une attention particulière à la gestion de leur chaîne d'approvisionnement en ressources humaines et en méthodologies pour faire face aux exigences de compétences, de qualité et d'innovation auxquelles elles doivent répondre :

- attirer et fidéliser les bons profils;
- améliorer encore les processus de suivi de carrière et d'évolution professionnelle;
- répondre à de nouvelles attentes en termes d'équilibre entre vie professionnelle et vie hors travail.

Elles devront également s'assurer de ne pas rester prisonnières de moyens – informatiques notamment – qui les rendraient dépendantes de certains fournisseurs.

Très forte dépendance vis-à-vis des clients

Le pouvoir des clients est *a priori* fort dans la mesure où l'entreprise de conseil dépend de ses clients parce qu'ils lui fournissent à la fois ses missions, mais aussi ses références, preuves de l'expertise et de la connaissance du secteur : ce sont là deux facteurs clés de succès.

Par ailleurs, dans l'environnement du conseil, apparaissent désormais des demandes plus matures provenant de services Achats qui se sont professionnalisés. Cela se traduit directement par une pression sur les prix, par une tendance à la banalisation du métier de consultant et par une exigence légitime de résultat quantifiable pour l'entreprise cliente.

Produits et services de substitution : une menace indirecte à ne pas ignorer

Trois types de produits de substitution existent sur le marché du conseil : les ouvrages académiques relatifs au management et à la gestion d'entreprise, la concurrence indirecte (modeste) de certains services de conseil gratuits et le recours aux compétences internes à l'entreprise pour mener à bien une mission ou un projet qui pourrait faire l'objet d'une intervention de la part d'un consultant.

Ouvrages académiques et services

Les consultants peuvent-ils être en partie ou totalement remplacés par des logiciels, des services en ligne, des ouvrages de management? Dans un métier dont le cœur est la relation entre le conseil et le client, les technologies ne sauront jamais véritablement remplacer les consultants et les lectures académiques ne se substituent pas au savoir-faire d'accompagnement d'un professionnel expérimenté.

D'autres produits de substitution, moins représentés, existent : il s'agit des services plus ou moins gratuits de l'État, de certaines collectivités territoriales ou consulaires ou encore ceux émanant des syndicats professionnels, des branches et de certains réseaux associatifs.

Le recours aux ressources internes

Les consultants doivent en revanche faire face à une autre forme de concurrence indirecte plus sérieuse : le recours aux ressources internes du client! Il est vrai que les premiers produits de substitution des services de conseil ont été (et parfois demeurent) les services internes des entreprises clientes : les acteurs eux-mêmes des services concernés par un besoin précis, ou un service de conseil interne identifié en tant que tel.

Dans le premier cas, l'offre globale de services de conseil est donc affectée par l'existence d'une substitution concurrentielle possible entre la production interne et le recours externe. Dans le second cas, il s'agit d'une forme particulière de concurrence indirecte : en effet, ces services de conseil internes se comportent rarement en prestataires visant à rendre des services à l'extérieur de l'entreprise où ils sont nés. Ils n'entrent donc pas vraiment dans le champ concurrentiel.

Une concurrence structurée

Il existe cependant des cas où cette forme de concurrence se renforce en structurant une activité de conseil indépendante qui se positionne sur le marché. C'est le cas par exemple de Thales Missions & Conseil, présenté par Brigitte Guénard et son équipe[1]. Cette structure initialement dédiée à des missions de conseil internes au Groupe Thales a progressivement (modestement cependant) investi le champ concurrentiel externe, travaillant d'ailleurs parfois en cotraitance avec des sociétés de conseil externes. Plusieurs types de partenariats ont été mis en place : avec des grands cabinets qui apportent une «force de frappe» et avec d'autres structures très spécialisées dans les domaines où Thales Missions & Conseil ne dispose pas des compétences requises.

Une des interrogations à la création de Thales Missions & Conseil était son positionnement par rapport aux cabinets extérieurs. L'expérience a prouvé que la complémentarité même des deux types d'acteurs, interne et externe, apportait toute sa valeur ajoutée. Ainsi, les cabinets de conseil externes à l'entreprise offrent un œil extérieur, leurs benchmarkings, leurs méthodes innovantes, tandis que l'interne s'appuie sur le pragmatisme des interventions, la connaissance de l'entreprise, de sa culture, de ses méthodes.

Quelle légitimité ?

Le client recherche le plus souvent un regard extérieur, qui constitue l'une des motivations pour faire appel au conseil. Ce dernier apporte également le fruit de ses expériences issues d'horizons différents et se situe en dehors de toute relation hiérarchique dans l'entreprise cliente. Dans ces conditions se pose la question de la légitimité et de la viabilité d'une structure de conseil interne. Ainsi, Thales Missions & Conseil est bien extérieure au Groupe Thales tout en ne l'étant pas. Rattachée à l'Université Thales, dans une ligne hiérarchique différente de celle de ses clients internes, elle est également indépendante financièrement et son objectif est l'équilibre financier. Cependant, son regard reste «thalésien» : elle se place au cœur de la culture du groupe, ses consultants sont des

---

1. Ex-directeur général de Thales Missions & Conseil, aujourd'hui consultante, et l'un des auteurs de l'ouvrage *Le Conseil interne – Mobilité et partage des connaissances*, Éditions d'Organisation (2006).

collaborateurs expérimentés de l'entreprise et elle est porteuse de ses politiques, de ses enjeux et de ses valeurs.

Thales Missions & Conseil joue un vrai rôle de conseil et le fait d'être à l'intérieur de l'entreprise génère une confiance et une connivence inégalées par rapport au recours à une société externe. L'appartenance au Groupe Thales apporte une légitimité plus forte pour le déploiement de grands projets. Dans les missions de cette nature, l'expérience et la connaissance des méthodologies Thales permettent à ses consultants d'être immédiatement opérationnels.

Cependant, ce positionnement a ses limites. Certaines missions réclament un regard réellement extérieur et un recul que Thales Missions & Conseil ne peut acquérir ou une expérience dont elle ne dispose pas. Par ailleurs, ses consultants doivent développer des compétences nouvelles, celles du conseil, et en premier lieu celle du contact avec le client – fût-il interne. Chaque consultant doit se comporter en vendeur de ses propres missions. Cela représente un vrai challenge et une véritable découverte pour la plupart d'entre eux. La relation de consultant à client se substitue au lien dont ils avaient l'habitude, celui de la relation hiérarchique du poste précédemment occupé au sein du groupe. Il ne s'agit plus alors de se comporter comme un cadre salarié, mais comme un consultant extérieur, doté de son indépendance et de son autonomie de jugement.

D'autres grands groupes comme La Poste par exemple se sont dotés de structures de conseil. Mais elles sont destinées exclusivement au conseil interne et n'ont pas pour finalité, comme c'est le cas pour Thales Missions & Conseil, de développer la mobilité interne des salariés de l'entreprise.

Très forte intensité concurrentielle

Les quatre forces décrites précédemment dessinent un secteur instable et très évolutif où l'intensité de la concurrence directe est très forte. Elle se caractérise par un phénomène de concentration et d'atomisation des acteurs.

 L'œil du professionnel

Dans le vaste marché d'environ 6 milliards d'euros et de 30 000 collaborateurs que représentent en France les sociétés de conseil[1], le flou de la segmentation de l'offre se dissipe peu à peu grâce à une nouvelle typologie des acteurs mise en œuvre à l'initiative de SYNTEC Conseil en Management et partagée par tous les membres de la FEACO. Il s'agit du consulting, qui désigne l'ensemble générique de métiers recouvrant l'organisation, la stratégie, la gestion de projet, les ressources humaines et le IT consulting ; l'intégration de systèmes d'information ; l'outsourcing ; enfin d'autres services comme l'outplacement, la formation, les études de marché, le recrutement, etc.

Le secteur du conseil connaît ainsi une mutation de sa structure : après la séparation des activités d'audit et de conseil liée à la promulgation en 2003 de la loi de sécurité financière (et préalablement en 2002 à la loi américaine Sarbanes-Oxley, qui faisait suite au scandale financier de l'affaire Enron) et l'échec du mariage entre consultants et informaticiens dans un deuxième temps, les entreprises clientes étaient pour le moins perdues face à l'offre des cabinets de conseil : la clarification de l'offre des professionnels du conseil en management était devenue incontournable.

Chaque année, des entreprises se créent, fusionnent, donnent lieu à des spin-off ou se livrent à des réorganisations qui modifient continuellement le périmètre concurrentiel. Cette concurrence s'exerce sur différents segments, de façon plus ou moins intense, en fonction des domaines d'intervention et de la taille des marchés.

---

1. Source : SYNTEC Conseil en Management, 2006.

Influence des opinions extérieures

Aux cinq forces en présence, détaillées dans les pages précédentes, s'ajoute une sixième, qu'il ne faut pas sous-estimer : l'influence des opinions extérieures. La notoriété, l'image et la réputation de l'entreprise de conseil constituent ses capitaux les plus précieux. Cela l'oblige à satisfaire ses clients bien sûr, mais également d'autres parties prenantes concernées par ses missions. Cette sixième force est représentée par le grand public, les clients et leurs salariés, les branches professionnelles, les établissements d'enseignement supérieur, les jeunes diplômés, les médias, les pouvoirs publics, etc.

L'entreprise de conseil et le champ concurrentiel sur lequel elle évolue subissent des impacts de types différents : macroéconomiques, réglementaires, technologiques et sociologiques.

Les premiers désignent l'influence de la conjoncture politique et économique pour les clients du secteur public par exemple. Ainsi, en période électorale, les budgets sont en sommeil. On observe par ailleurs un lien fort entre la santé du secteur du conseil et la santé économique du pays : l'investissement réalisé par les entreprises en matière grise représente un indicateur de confiance et de prévision d'évolution de la croissance.

Les impacts réglementaires ne doivent pas être négligés : l'influence de la législation s'est révélée à de nombreuses reprises comme une source possible de développement d'affaires, comme avec la loi relative à l'aménagement et à la réduction du temps de travail, la loi de cohésion sociale, etc.

Par ailleurs, le recours aux systèmes d'information illustre bien les impacts technologiques.

Enfin, citons parmi les impacts sociologiques l'opportunité que représentent pour le conseil les modifications des comportements des salariés (jeunes et anciennes générations), le nouveau rapport des jeunes face à l'entreprise, ou encore le nécessaire transfert des savoir-faire et des expertises.

Menaces et opportunités en synthèse

Opportunités

La mondialisation, la création de pôles régionaux de compétitivité, les évolutions technologiques – plus particulièrement celles liées aux technologies de l'information et de la communication –, le changement des comportements des jeunes générations constituent autant de phénomènes qui bousculent les entreprises, les obligent à s'interroger et rendent le marché du conseil porteur, y compris à l'international.

Ce marché offre donc de nombreuses opportunités parmi lesquelles la croissance des activités d'outsourcing, l'internationalisation des clients et du conseil, enfin sa croissance. À 9 % en 2005, puis à 12 % en 2006, elle devait s'élever à 10 % en 2007 : on peut potentiellement parler d'une croissance moyenne à deux chiffres.

Menaces

Le marché présente également des menaces réelles. Citons les suivantes :

- les nouveaux entrants (cabinets étrangers, demandeurs d'emploi qui s'installent à leur compte, entreprises de travail temporaire) ;
- le surenchérissement des frais de déplacement, la dépendance vis-à-vis du fournisseur des systèmes d'information, du support de certaines interventions ;
- la pression sur les prix exercée par des services Achats de plus en plus puissants et matures ;
- le développement des services en ligne et des logiciels de gestion ;
- les mutations incessantes de la structure concurrentielle.

Analyse du secteur du conseil en management en France selon le modèle des cinq forces de Michael Porter

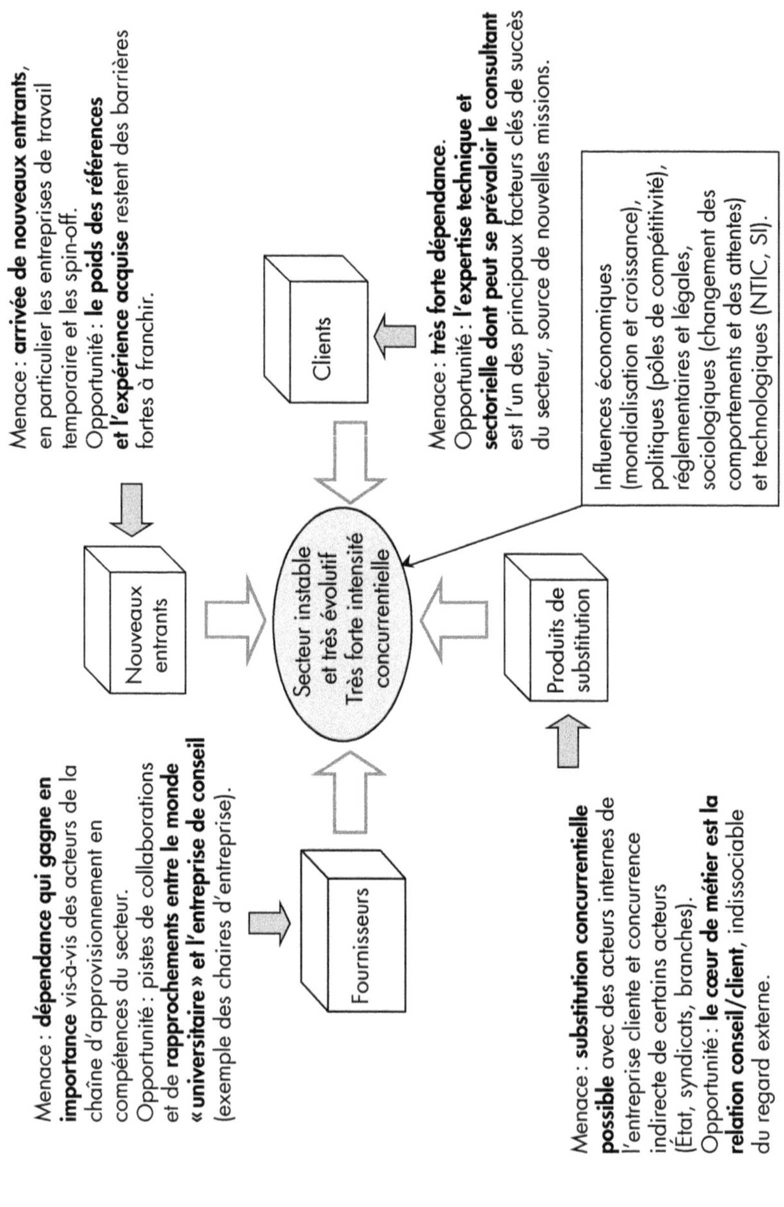

Matrice Atouts/Faiblesses/Opportunités/Menaces

La matrice suivante peut servir d'exemple et permet à chaque acteur du marché d'identifier ses atouts et ses faiblesses, au regard des opportunités et des menaces qui se font jour sur le marché du conseil. Elle sera bien entendu complétée différemment en fonction des atouts et des faiblesses propres à chaque acteur. Ceux présentés dans les tableaux ci-dessous ne constituent que des exemples qu'il convient d'adapter à chaque cabinet.

	Opportunités			Menaces				
	Croissance du marché	Croissance du domaine outsourcing	Internationalisation du marché	Nouveaux entrants	Dépendance des fournisseurs SI et frais de déplacement	Pression sur les prix	Services en ligne	Mutation de la structure concurrentielle
Atouts								
Expertise prouvée	+++			++				
Références et poids de l'expérience	+++	+++			++++			
Notoriété	+++		++++		...			
Clarté de l'offre	...	...	...			...	...	
Présence à l'international		...	...				...	...
Faiblesses								
Solidité de la structure financière	−			++				
Antériorité sur le marché	−	−			++++			
Capacité managériale et qualité de la gestion des RH		...	...		...			
Implantation géographique internationale			...			...	...	

Chapitre 2

Comprendre les tendances du secteur du conseil

Quelle croissance pour le secteur du conseil ?

Le conseil faisait partie des secteurs enregistrant la plus forte croissance, souvent à deux chiffres, depuis vingt ans. Or, 2002 et 2003 ont été marquées par une forte décroissance du marché (−3,25 % en 2002 et −10 % l'année suivante), comme l'illustre le graphique ci-après. Les années fastes sont désormais derrière nous. Les budgets d'achat de conseil sont souvent parmi les premiers à être supprimés quand l'activité ralentit et les premiers rétablis dès qu'elle repart. Cependant, la décroissance du marché n'a pas été analysée par les professionnels du secteur comme un accident conjoncturel, mais comme le signe d'une évolution profonde : le secteur devait impérativement améliorer la compétitivité et le positionnement de ses entreprises pour réussir dans un marché durablement plus difficile.

La rentabilité des sociétés de conseil s'est en effet considérablement dégradée au fil des ans avec la baisse des prix de vente d'une part et l'augmentation des coûts commerciaux d'autre part (demandes plus exigeantes des clients). Le « standing » des sociétés de conseil et des consultants a dû être revu à la baisse. Les investissements n'ont pas été assez bien maîtrisés : R & D peu ciblée, manque de rigueur dans la sélection des opportunités commerciales, investissement par anticipation hasardeux…

Notons cependant que les consultants bénéficient d'opportunités d'affaires en période de croissance économique (accompagnement du développement) et de récession (aide à la réduction des coûts, restructurations, outplacement).

Après la période de récession (de fin 2001 à 2003), la plus profonde qu'ait traversée la profession au cours de son histoire, la croissance observée timidement en 2004 (+4,35 %) se confirme en 2005 (+9 %) et en 2006 (+12 %). Après des années de demande négative, puis timide, face à une offre surabondante, l'année 2006 a enregistré une demande plus dynamique et une offre plutôt stabilisée. En moins de deux ans, les entreprises de conseil ont réussi une opération de transformation assez spectaculaire :

- un management beaucoup plus rigoureux (efforts de maîtrise des coûts);
- la reprise des investissements (embauches et croissance externe);
- un ciblage draconien des investissements commerciaux (meilleure allocation des ressources dans ce domaine);
- un positionnement optimisé.

Le moteur de cette croissance retrouvée est principalement alimenté par une demande axée sur des problématiques de croissance des clients du conseil, qu'il s'agisse de transformation et de recherche de performance interne, de fusions-acquisitions ou d'internationalisation.

Les évolutions réglementaires, qui devraient cependant continuer à générer des besoins, ont cessé de constituer le principal relais de croissance du secteur. Les autres vecteurs de la croissance se situent du côté du vieillissement de la population, de l'innovation technologique et de l'industrialisation des métiers de services. La bancassurance et l'énergie, avec respectivement 30 % et 13 % du marché[1], apparaissent comme les secteurs clients les plus porteurs. L'administration croît légèrement avec

---

1. Source : «Le marché du conseil en management», étude 2006-2007 de SYNTEC Conseil en Management.

10 %. Enfin, l'industrie, toujours deuxième en taille de secteur, poursuit le tassement enregistré depuis 2005, qui le place désormais aux alentours de 25 % de parts de marché.

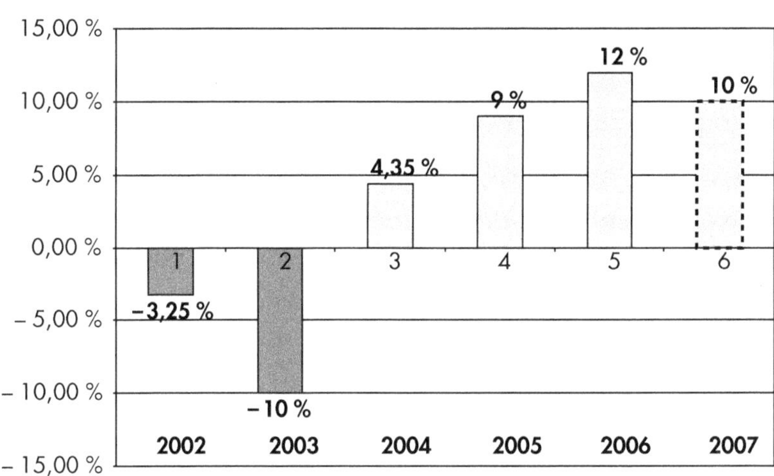

Internationalisation des sociétés de conseil : une tendance si lourde?

L'internationalisation du conseil se traduit par la réponse aux interrogations et aux problématiques internationales de clients français représentés à l'étranger. C'est en tout cas ce qui génère principalement l'activité de conseil à l'international. Cette activité se traduit aussi par des missions prises en charge par les bureaux locaux des majors du conseil, qui n'entrent alors pas dans le chiffre d'affaires national.

Mais l'internationalisation du marché du conseil constitue-t-elle une tendance si marquée? Cela correspond depuis plusieurs années à environ seulement 10 % du marché, selon

SYNTEC Conseil en Management, sans progression avérée. La nécessaire maîtrise de la langue anglaise explique la faiblesse de cette progression. C'est sans doute l'un des atouts majeurs des sociétés de conseil anglo-saxonnes, dont l'activité est beaucoup plus internationale que leurs consœurs françaises.

Les sociétés de conseil répondent souvent seules aux demandes des clients à l'international, en intervenant directement sur site ou ont parfois recours à de la sous-traitance locale en s'appuyant sur des réseaux de consultants partenaires.

L'accompagnement des clients français dans leurs stratégies de croissance s'opère en particulier en Europe de l'Est, en Chine et en Inde, en particulier dans le secteur de la banque et celui de l'énergie. Le Maghreb constitue également un bon relais de croissance, en dépit de risques pays importants. Un certain nombre de cabinets y interviennent, mais plus rares sont ceux qui y investissent ou s'y implantent durablement.

La comparaison des trois principaux marchés de conseil en Europe (Grande-Bretagne, Allemagne et France) montre une physionomie générale du marché français proche de celle de ses homologues allemands et britanniques, à la réserve près que la taille de ces marchés atteint environ trois fois celle du marché français[1].

La dimension internationale d'une société de conseil peut représenter à l'évidence un réel atout en termes d'image et constitue parfois l'axe principal de différenciation de certaines structures. La multiplication, pour les sociétés d'origine française, de l'appartenance à des réseaux de cabinets conseil à l'international constitue un fait marquant. Certains gros clients érigent d'ailleurs la dimension internationale du cabinet de conseil en un critère *sine qua non* de référencement. La capacité à travailler de manière réellement intégrée avec des équipes basées dans différents pays est un sujet critique. Une marque globale ou des partenariats de façade ne suffisent pas.

---

1. Source : enquête FEACO de 2007.

Segmentation croissante de l'offre

On compte de plus en plus de catégories de consultants aux champs d'intervention de plus en plus diversifiés. Cette segmentation croissante de l'offre entraîne deux conséquences : une fragmentation et une atomisation du secteur, comme le décrivent Jean-Pierre Bouchez et Jean Simonet dans leur «bible du conseil»[1].

Le découpage en quatre grands segments (les quatre composantes classiques : stratégie, organisation, ressources humaines et système d'information) devient moins pertinent, car il cache des segmentations plus floues. Certains cabinets proposent des services dans plusieurs de ces segments. Cette transversalité de l'offre a pour conséquence un paysage du conseil en recomposition permanente, donc difficilement lisible pour les clients. Les domaines de compétences des entreprises du secteur changent constamment, au gré des rachats et des fusions de cabinets. Dans le cadre de cette reconfiguration permanente du secteur, le conseil évolue vers une concentration autour d'un nombre de plus en plus restreint d'entreprises de plus en plus grandes[2] et vers un nombre croissant de toutes petites entreprises. Le développement des géants à taille mondiale d'une part et des «consultants-artisans» d'autre part oblige les structures de taille moyenne à disparaître, à s'intégrer dans un grand groupe ou à se spécialiser pour s'installer sur une niche, sectorielle ou dédiée à une fonction d'entreprise.

Une enquête menée début 2006 par SYNTEC Conseil en Management auprès d'un panel d'acheteurs de grands groupes traduisait leur désarroi face à la multiplicité de l'offre et à leur incapacité à identifier clairement les acteurs du marché. Les travaux du syndicat en septembre 2006 ont permis de redéfinir

---

1. *Op. cit.*

2. 2 % des sociétés du secteur (les «majors» dépassant 151 millions d'euros de chiffre d'affaires) contribuent à hauteur de 44 % du chiffre d'affaires global de la profession. Source : enquête SYNTEC Conseil en Management 2006-2007.

une segmentation – évoquée précédemment (lire p. 64) – pour permettre aux acteurs du marché d'être mieux identifiés (et donc sollicités) par leurs commanditaires potentiels.

Développement de l'externalisation

Le développement du BPO (Business Process Outsourcing) reste une piste de développement très sérieuse pour le conseil. En dehors des majors, qui sont des opérateurs très engagés dans ce type d'activité, les cabinets plus petits qui s'y intéressent continuent à avancer sur ce marché, prudemment cependant. Cette partie du chapitre étudie en particulier l'essor de l'externalisation des services de la fonction RH, pour laquelle les cabinets de conseil en management ont développé une offre spécifique.

L'offre d'externalisation RH

L'externalisation RH consiste pour une entreprise à confier durablement à un prestataire externe la prise en charge partielle ou totale d'une application ou d'un processus de la fonction ressources humaines. Cette délégation de gestion s'accompagne la plupart du temps d'un contrat pluriannuel et d'engagements de résultats. Pour Frank Bournois, co-directeur CIFFOP (Centre interdisciplinaire de formation à la fonction personnel) et professeur à l'ESCP-EAP, un glissement s'opère du rôle administratif du DRH vers celui d'agent du changement. Le DRH peut ainsi se distancier de certaines tâches pour se concentrer sur le cœur de son métier.

L'externalisation de la fonction RH recouvre essentiellement la prise en charge par un prestataire externe d'un processus comme celui de la paye, de la gestion du temps et des activités, de la formation, ou du recrutement, et se différencie manifestement d'une prestation de sous-traitance. Par rapport à un contrat de sous-traitance, le processus d'externalisation suppose dans certains cas un transfert de personnel, d'actifs matériels ou immatériels ainsi qu'un transfert d'obligations contractuelles, fait savoir Éric Fimbel, conseiller scientifique de l'EOA

(European Outsourcing Association) et professeur à la Reims Management School. S'il est acquis que les entreprises françaises sont particulièrement friandes de projets d'externalisation de leur fonction ressources humaines, elles doivent toutefois surmonter plusieurs formes de résistance et de contraintes, tant techniques et organisationnelles que juridiques.

 L'œil du professionnel

L'externalisation spécifique du traitement de la paye séduit en masse les entreprises. Ainsi, selon les derniers chiffres du cabinet d'études Markess International, ce poste arrive en tête des fonctions RH externalisées (62 % des entreprises devaient y recourir d'ici à la fin 2006), dans un marché global qui doit atteindre les 960 millions d'euros d'ici à 2008. Toujours, selon Markess International, le marché devrait avoir connu une croissance de 12,4 % de 2006 à 2008.

Une tendance à la hausse

Pour illustrer cette tendance, voici les résultats commentés de la troisième édition du baromètre Outsourcing RH de Merlane, menée auprès de 130 répondants de juin à septembre 2006.

Intention exprimée d'envisager d'externaliser certains services de la fonction RH

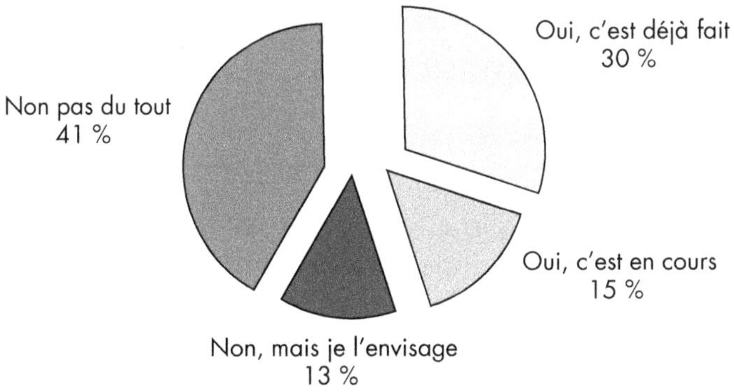

49

Fonctions RH externalisées ou susceptibles de l'être

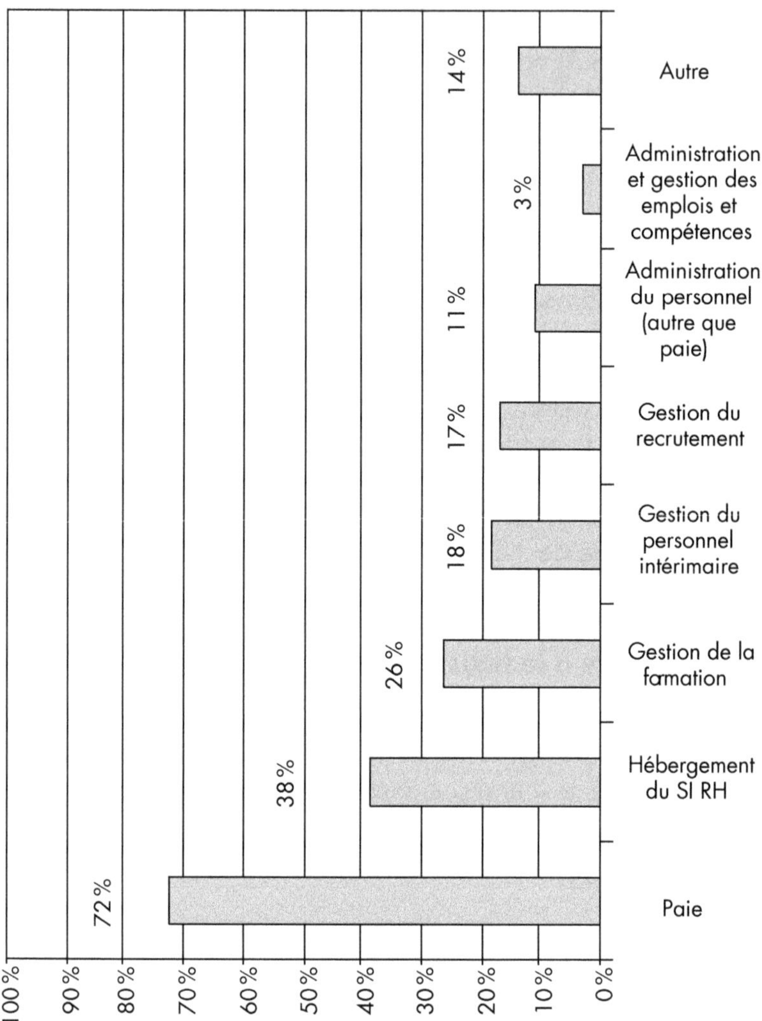

Ce sondage fait apparaître que 58 % des entreprises se sont déjà intéressées à l'externalisation des services RH. La période d'évangélisation est terminée et les entreprises disposent maintenant d'une bonne connaissance de l'outsourcing RH. Introduits en 2006 dans l'enquête, les domaines possibles de l'externalisation «Hébergement du SIRH» et «Gestion du per-

50

sonnel intérimaire» ont trouvé leurs cibles, signe que ces deux offres de services sont bien identifiées et distinguées des autres.

Perceptions de l'outsourcing RH et de ses avantages

Note de 1 («Pas du tout d'accord») à 10 («Tout à fait d'accord») :

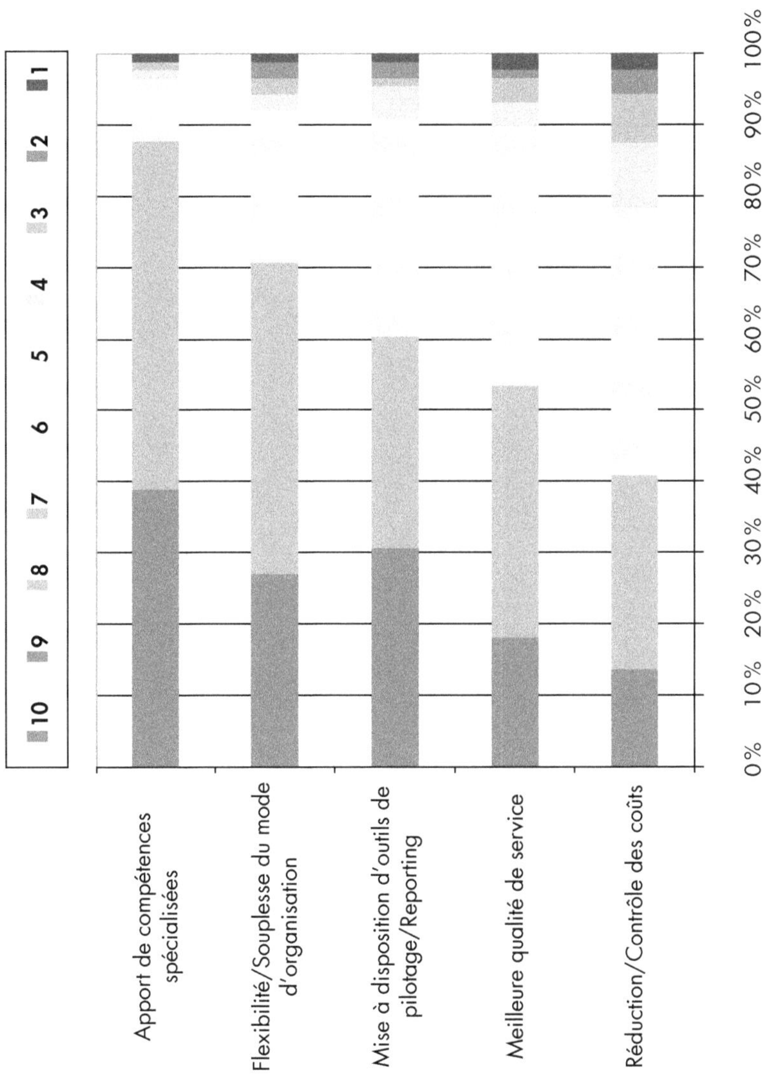

Les principaux motifs de recours à l'externalisation et ses avantages évoluent d'année en année. En 2004, les responsables d'entreprises interrogés misaient avant tout sur l'outsourcing RH pour se recentrer sur leur cœur de métier. Leur discours en 2005 mettait l'accent sur la compétitivité par la réduction des coûts de fonctionnement des services et sur l'optimisation des ressources. En 2006, c'est la flexibilité de ce mode d'organisation de la fonction RH en entreprise qui est plébiscitée, même si le souhait de conserver les précédents avantages demeure.

Perceptions de l'outsourcing RH et de ses principaux freins

Note de 1 («Pas du tout d'accord») à 10 («Tout à fait d'accord») :

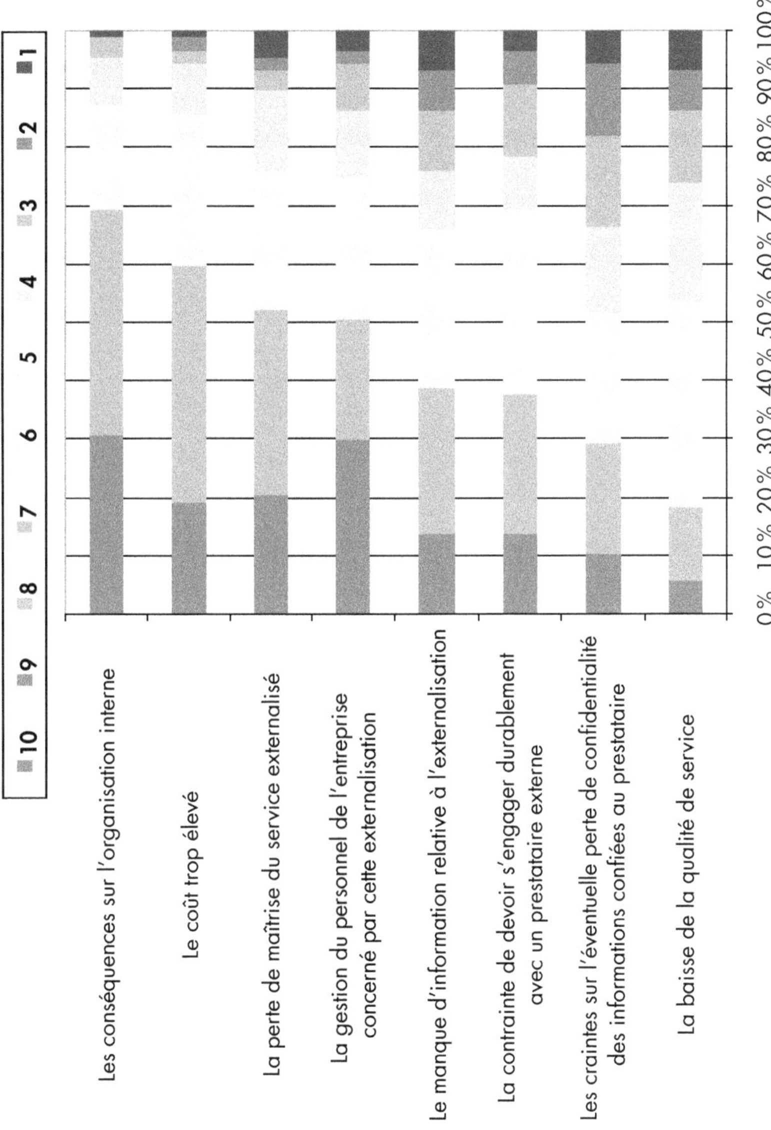

Les conséquences de l'externalisation RH sur l'organisation interne et la gestion du personnel concerné par cette externalisation représentent les principaux freins à cette pratique en 2006 alors que les responsables d'entreprises citaient plus volontiers en 2005 les freins culturels, la perte de maîtrise de la fonction externalisée et le risque de dépendance vis-à-vis du prestataire, signe d'une évolution de la maturité des entreprises dans leur connaissance et leur maîtrise de la notion et de la pratique de l'outsourcing RH.

Les conditions de succès d'un projet d'outsourcing RH

Note de 1 («Pas du tout d'accord») à 10 («Tout à fait d'accord») :

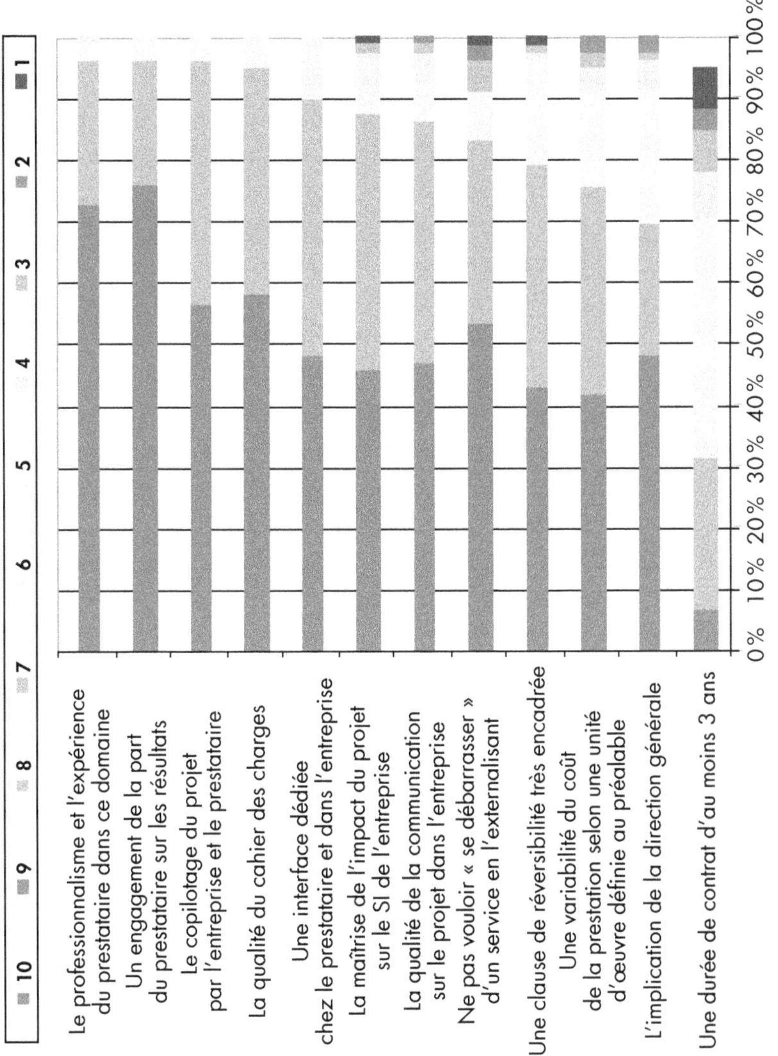

Plusieurs facteurs principaux interviennent dans la décision d'externalisation : la réduction et la maîtrise des coûts, la volonté de l'entreprise de se séparer des tâches à moindre valeur ajoutée en se concentrant sur le «*core business*», une exigence à faire évoluer la fonction RH vers son métier le plus stratégique et le fait de pérenniser la gestion RH en faisant notamment assurer le suivi des contraintes réglementaires par le prestataire, sans oublier la sécurisation du traitement et de l'information dans une conformité légale et sociale.

Le recentrage sur le cœur de métier, le gain de temps, le recours à l'expertise ne constituent pas des bénéfices recherchés s'ils ne mènent pas à une réduction directe des coûts ou à une optimisation de l'allocation des ressources existantes. Les prestataires s'appuient en la matière d'une part sur une redistribution des économies d'échelle résultant d'une mutualisation forte des moyens engagés et d'autre part sur le partage des gains de productivité permis par une industrialisation des processus de gestion qui constituent le cœur de métier du prestataire.

Dans les PME, le désir de se décharger de la gestion des contraintes sociales en raison de réglementations prolixes, risquées et complexes fait jouer à l'externalisation un rôle d'expertise. En parallèle, les grandes entreprises, qui elles auraient pourtant les moyens de gérer cette complexité, sont soumises à des pressions financières à court terme de plus en plus fortes. L'externalisation s'inscrit alors pour elles dans une démarche de «*cost-killing*» drastique. Ces deux situations sans rapport conduisent au même recours à l'outsourcing.

Rémunération au résultat : est-ce possible en conseil?

Les clients sollicitent de plus en plus leurs conseils afin de rémunérer tout ou partie de la mission en fonction de la performance des consultants et/ou des résultats obtenus. Cela se traduit parfois par la variabilité des rémunérations dans certains cas en fonction des volumes traités. Une rémunération totale au résultat reste difficilement envisageable en conseil, l'action du consultant n'étant pas la seule à interférer dans la vie de l'entreprise et toute chose n'étant jamais égale par ailleurs : influence des acteurs de l'environnement légal ou non, stabilité des équipes d'encadrement, etc.

Cependant, ce mode de rémunération représente un axe de réflexion important pour la profession. En consulting, il peut se traduire par la mise en place d'un bonus sur résultats en sus du prix forfaitaire de base (les *success fees*). Et, en outsourcing, il peut se traduire par la variabilité du prix selon une unité d'œuvre à définir avec le client et par la mise en place d'un bonus de performance sur les objectifs fixés (atteinte de résultats).

Exigences croissantes des clients

Les clients définissent des exigences croissantes à propos des livrables, des profils et des compétences des consultants, des références des sociétés de conseil sur des missions du même type et/ou dans le secteur d'activité du client.

Le client s'attend à travailler avec un consultant qui connaît son métier et son secteur d'activité : le temps des diagnostics préalables coûteux d'analyse de l'environnement est révolu. Certaines sociétés de conseil s'organisent parfois par secteur d'activité pour mieux maîtriser les éléments clés de leurs marchés. Cette spécialisation s'est d'ailleurs justement fortement développée dans des sociétés de grande taille. Les structures plus modestes ne peuvent pas faire ce choix pour une raison de taille, à moins de se spécialiser dans un secteur particulier. Cependant, certains de leurs consultants développent tout de même une expertise sectorielle : il s'agit d'hommes (femmes)/ secteurs ressources. La demande d'«implémentation» est ici très forte. Le client attend une implication réelle du consultant dans la mise en œuvre de ses recommandations et son engagement sur les résultats.

Maturité de la relation entre consultants et acheteurs de conseil?

Des pratiques bien installées

La relation avec les acheteurs de conseil reste encore aujourd'hui très difficile à cause de pratiques contestées par les consultants, mais durablement installées :

- des référencements bureaucratiques, chronophages, lourds, parfois incohérents et destructeurs, en particulier pour les cabinets petits et moyens;
- des prix standard par rapport à des catégories globales de conseils qui prennent mal en compte la diversité des prestations et des profils de consultants;
- des règles du jeu pas toujours claires;
- un objectif souvent unique : la baisse du prix.

SYNTEC Conseil en Management a donc souhaité interroger courant 2006 un panel d'acheteurs de conseil issus de grandes entreprises à partir d'un constat partagé, lié d'une part, pour les adhérents du syndicat eux-mêmes, à la difficulté de définir leur métier, et d'autre part à l'hétérogénéité des segmentations utilisées par les acheteurs comme par les conseils. D'après cette enquête, les prestataires de conseil sont essentiellement identifiés par les acheteurs par le bouche-à-oreille ou à l'initiative des clients internes. Or, ils ne savent ou ne comprennent pas ce que recouvre exactement l'appellation «conseil en management». Ils n'y voient pas du tout clair dans l'intensité des mouvements au sein de la profession : rapprochements, rachats, fusions entre cabinets…

Des services clarifiés

La nouvelle segmentation définie par le syndicat tente de réduire le flou du terme générique de conseil en management, à condition qu'elle soit la plus stable possible. Elle répond à l'urgence pour la profession de clarifier les services qu'elle propose pour mieux les valoriser.

Des évolutions sensibles se sont ainsi produites avec des effets positifs. Tout d'abord, on constate une maturité et un professionnalisme plus grands des acheteurs. Cela se traduit par une meilleure connaissance du métier et des prestations de conseil, une prise de conscience par certains des erreurs à ne pas commettre dans l'achat de conseil, enfin une certaine reconnaissance de la valeur ajoutée du recours au conseil.

Par ailleurs, l'effort de professionnalisation des consultants s'avère payant et entraîne davantage de différenciation, des processus internes plus rigoureux, ainsi qu'une meilleure maîtrise de la relation de vente.

Si le rapport de force s'est donc légèrement amélioré et l'ambiance est plus détendue, une grande tension demeure. L'action collective menée en France par les professionnels du conseil tend à limiter le risque majeur que représente l'effet des ciseaux entre la hausse des niveaux de salaire et la rigidité des taux journaliers de vente imposés par les acheteurs.

Signe d'un progrès sensible dans les relations entre acheteurs et conseils, on ne rencontre pratiquement plus d'enchères inversées. Quant aux acheteurs qui persistent à raisonner sans nuance sur l'achat de prestations de conseil, il leur arrive de se retrouver isolés dans la relation tripartite commanditaire/acheteur/consultant, en présence d'une alliance entre le commanditaire et le consultant qui ne souhaitent pas voir remis en cause les fruits de travaux réalisés en confiance et sur la durée. Les prémices d'une amélioration de la relation avec les acheteurs doivent par conséquent être nuancées.

Choisir son positionnement stratégique

Comment choisir son positionnement sur le marché?

Telle est «la» grande question pour tout cabinet de conseil, notamment pour les consultants qui débutent. Il est toujours difficile pour eux de restreindre un périmètre d'intervention de spécialité. Mais se positionner comme celui qui a réponse à tout ne constitue pas forcément un gage de pérennité. Mieux vaut un consultant qui sait dire non que celui qui sait tout faire. Sa crédibilité n'en sera que plus importante aux yeux de ses clients. Après avoir étudié les menaces et les opportunités du secteur du conseil, il est donc nécessaire pour tout cabinet de se positionner sur le marché avant de choisir les actions commerciales prioritaires à développer pour s'y faire connaître et s'y différencier.

Des axes de différenciation

Définir un positionnement consiste à donner une place déterminée, une «personnalité», aux services de conseil du cabinet, une valeur distinctive aux yeux des clients potentiels par rapport aux services de concurrents directs ou indirects. De la pertinence de ce positionnement dépend l'accueil réservé par le marché. Défini de façon judicieuse, il favorise un avantage concurrentiel dans la durée.

Le positionnement doit s'attacher à mettre en avant des axes de différenciation. Il peut s'agir de certaines caractéristiques de la prestation de conseil du cabinet : son prix, la qualité de sa mise en œuvre, les garanties et les accréditations du cabinet lui-même (certifications ISO, OPQCM, Label Compétences de SYNTEC Conseil en Management, etc.). Un autre axe est constitué par les solutions et les bénéfices apportés par la prestation de conseil : la réduction de coûts qu'elle génère, sa rapidité d'action, l'efficacité de ses préconisations…

De plus, les catégories d'utilisateurs et d'acheteurs ciblés permettent aussi de se différencier (tels secteurs industriels, tels types d'activités, tels métiers concernés) tout comme la place de la prestation de conseil en référence à celle des concurrents : la plus performante du marché, la mieux outillée (logiciels utilisés, tests et grilles d'analyse), la mieux adaptée au secteur du client, etc. Enfin, citons l'innovation dont le cabinet de conseil fait preuve.

Ainsi, les principaux facteurs de différenciation sur le marché du conseil sont :

- le poids économique (importance par rapport aux concurrents, taille, présence internationale);
- les domaines de compétences et d'intervention;
- l'expérience acquise et les références et, au-delà, la notoriété.

La matrice suivante propose une cartographie des acteurs du conseil en management en fonction de la capacité géographique d'intervention de l'entreprise de conseil et du degré de spécialisation de l'entreprise de conseil.

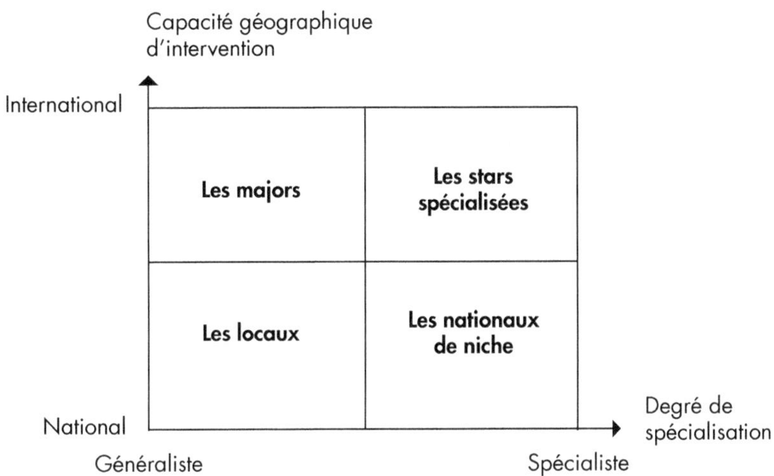

 Le conseil du professionnel

L'inventaire et le positionnement de tous les acteurs du secteur du conseil sur cette matrice n'est pas possible, compte tenu de la multiplicité des acteurs. La présentation d'un choix restreint de cabinets grâce à cet outil s'avérerait donc arbitraire. Les deux grands guides français du conseil, le *Guide des cabinets de conseil en management* de Jean-Baptiste Hugot[1] et l'Annuaire Consulting *Le Guide professionnel des sociétés de conseil*[2], pourront donner au lecteur/acheteur des grilles d'analyse afin de sélectionner au mieux le prestataire qu'il recherche. 

Cinq familles de cabinets

SYNTEC Conseil en Management classe les cabinets français selon cinq grandes familles. Cette cartographie des acteurs a été modifiée en 2007, comme le montrent les deux tableaux suivants.

---

1. *Op. cit.*
2. 19e éd., Tarsus France, 2007.

Précédente cartographie des sociétés de conseil (avant 2007)

	CA (millions €)	En nombre	En parts de marché
Majors	> 80	3 %	55 %
Grands	> 10	22 %	32 %
Moyens	> 1	55 %	12 %
Petits	Entre 0 et 1	20 %	1 %

Nouvelle cartographie des sociétés de conseil (2007)

	CA (millions €)	En nombre	En parts de marché
Majors	> 151	2 %	44 %
Grands	> 56	4 %	18 %
Moyens +	> 14	15 %	22 %
Moyens	> 3	35 %	13 %
Petits	Entre 0 et 3	44 %	3 %

Cette nouvelle classification permet de mieux appréhender la diversité des sociétés de conseil en management et surtout de tenir compte de la croissance en volume du marché. Elle fait apparaître, comme la précédente cartographie, un marché composé d'un petit nombre de grands acteurs et d'un grand nombre de petits acteurs, l'essentiel de l'activité étant réalisé en parts de marché par une poignée de grands acteurs.

Faut-il se spécialiser?

Si se spécialiser signifie se différencier sur le marché, la réponse est oui. La spécialisation en conseil peut se décliner selon trois stratégies génériques.

La spécialisation par produit ou par domaine de conseil

Elle se rencontre dans des cabinets qui se concentrent sur un métier de base. Les cabinets spécialisés en stratégie (BCG, Bain, McKinsey, etc.), en ressources humaines (Hay, Towers Perrin, Watson Wyatt, Hewitt, dans une moindre mesure Bernard Julhiet Group, Altedia, Merlane, etc.) ou en systèmes d'information (IBM Global Services, etc.) constituent des exemples de spécialisation par produit.

La spécialisation par marché ou type de clientèle

Elle est présente dans des cabinets qui ne travaillent qu'avec un ou quelques segments plus ou moins larges du marché : la banque, la fonction publique, la santé, etc. Elle exprime une orientation client alors que la spécialisation en termes de produits exprime davantage une orientation centrée sur le savoir-faire et l'expertise. C'est le cas pour IDRH dans le secteur public par exemple, mais aussi pour les majors disposant d'équipes entières dédiées aux secteurs de la santé, de l'énergie, de l'administration d'État et des collectivités territoriales, etc.

La spécialisation multiple

Elle caractérise les sociétés de conseil de taille importante et cherche à éviter le piège de la spécialisation sectorielle ou technique (compétences pointues, mais manque de transversalité et d'approche globale) comme le piège du généraliste (compétences larges, mais manque de profondeur). Les majors appartiennent à cette catégorie : Accenture, CapGemini, Bearing Point, etc. Le cabinet en stratégie McKinsey a formalisé cela en réaffirmant une idée déjà ancienne qui repose sur le fait que ses consultants devaient acquérir un profil de compétences en T, cumulant une spécialisation sectorielle pointue et une approche globale de l'entreprise ou du management.

Une autre grille de lecture de l'offre de conseil

Compte tenu de ce qui a été évoqué dans les paragraphes précédents, la matrice «classique» des acteurs (capacité géographique d'intervention par rapport au degré de spécialisation) ne suffit plus à positionner clairement les entreprises de conseil sur leur marché du fait de la segmentation croissante du secteur. La matrice suivante, créée par Jean-Pierre Bouchez et Jean Simonet[1], propose donc une autre typologie des sociétés de conseil en croisant deux dimensions :

- l'offre sur le plan technique, plus ou moins standardisée ou personnalisée;
- la relation avec le client, qui peut l'impliquer plus ou moins dans la mission du consultant.

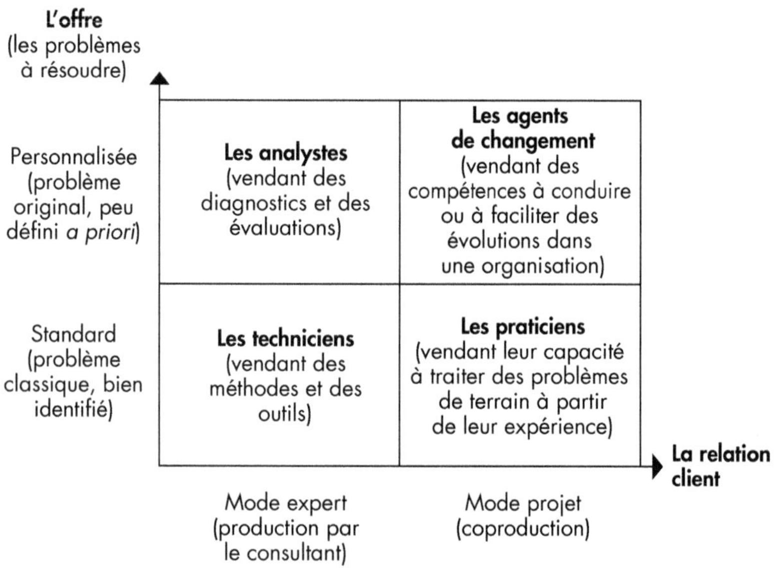

---

1. *Op. cit.*

Chapitre 4

Place et rôles de la fonction développement commercial en conseil

Une chaîne de valeur spécifique au conseil

La conceptualisation de la chaîne de valeur de Michael Porter, bien adaptée aux activités de production et de distribution, ne l'est pas forcément pour les services comme les activités de conseil. Le schéma présenté ci-après illustre une chaîne de valeur spécifique au conseil.

Le conseil du professionnel

La chaîne de valeur représente visuellement un concept, qui lui permet d'identifier la valeur que le client paye sous la forme d'une marge sur un processus de transformation d'un bien ou d'un service. L'idée de base de la chaîne de valeur pour le secteur du conseil ou pour tout autre secteur d'activité est qu'un produit offert sur le marché incorpore une chaîne d'éléments constitutifs de sa valeur ajoutée et que ces divers éléments ont plus ou moins d'importance pour un segment donné de la clientèle. Les entreprises appartenant à un secteur d'activité peuvent, sur cette base, définir leur profil spécifique et se différencier en mettant l'accent sur telle ou telle partie de la chaîne de valeur où elles chercheront à se distinguer, en y allouant plus ou moins de ressources.

À chaque étape du processus, l'entreprise alloue des ressources qu'elle peut quantifier pour se comparer à ses concurrents et apprécier la cohérence de ses choix par rapport à ses objectifs. Encore faut-il pouvoir obtenir des éléments de comparaison auprès d'autres acteurs du marché. Les éléments qui suivent peuvent donner quelques indications afin d'évaluer, en pourcentage de ses ressources (coûts fixes) et pour chaque cabinet de conseil, l'effort à consentir pour chaque étape de la chaîne de valeur du conseil. Les chiffres présentés varient de façon significative en fonction de la taille du cabinet et sont donc à manier avec précaution. Ils représentent néanmoins une source intéressante de benchmarking.

La chaîne de valeur en conseil

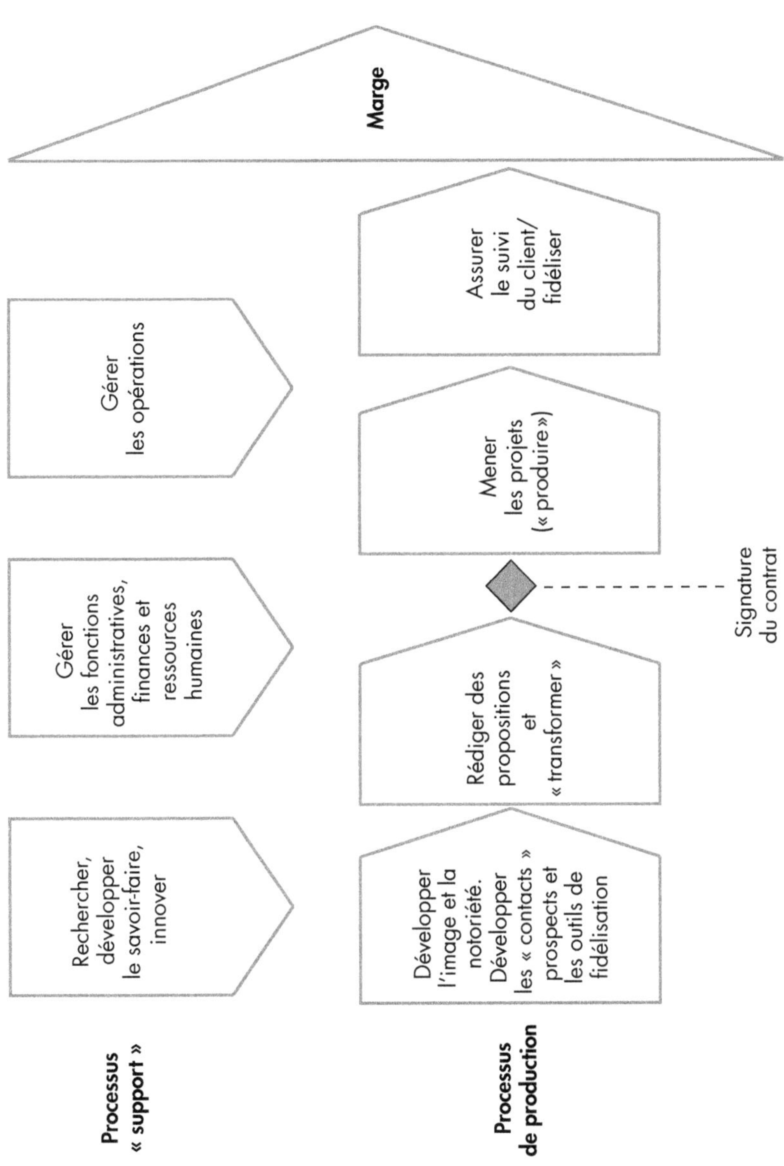

R & D du savoir-faire et innovation : entre 2 et 6 %

Les coûts intégrés dans cette étape de la chaîne de valeur sont constitués par deux paramètres. Tout d'abord, citons la valorisation du temps passé par certains collaborateurs :

* responsables d'études ;
* responsables marketing de développement produits ;
* associés pour leurs activités dédiées à la recherche et à l'évolution des pratiques et des méthodologies de conseil de leurs équipes.

Le second paramètre désigne les coûts liés aux formes de rapprochement entre les sociétés de conseil et le monde de l'enseignement et de la recherche, le coût des chaires d'entreprise pilotées par des cabinets de conseil et hébergées par des grandes écoles ou des universités.

Gestion des fonctions Administration, Finances et RH : entre 5 et 8 %

Les coûts de la gestion administrative du personnel et des fonctions financières et de contrôle de gestion sont essentiellement constitués par le coût du temps passé par les personnels des cabinets dédiés à ces fonctions. Le temps passé en animation d'équipe par les managers et associés doit également être comptabilisé.

Gestion des opérations et des moyens : entre 8 et 15 %

La gestion des opérations recouvre les coûts des personnels «supports», non directement rattachés aux fonctions Finances ou RH : les postes d'accueil, d'assistanat, d'administration des ventes, etc. Les charges liées aux locaux et à l'ensemble des moyens administratifs et techniques sont également constitutives de ces coûts.

Développement de l'image, de la notoriété et des contacts : environ 10 %

Relèvent des coûts liés à ce domaine tous ceux de commercialisation au sens large : coûts de communication externe (plaquette, publicité, relations presse et publiques, événementiel, etc.), de développement commercial de prospection et de création des outils de fidélisation de clientèle. Le temps consacré à ces tâches par les associés et par les collaborateurs du cabinet dédiés à ces fonctions sont pris en compte dans le calcul.

Rédaction des propositions et transformation : entre 3 et 6 %

Il s'agit du temps des consultants passé à rédiger des offres commerciales et à négocier des contrats.

Production : environ 50 %

Il s'agit des coûts de main-d'œuvre des collaborateurs dédiés à 100 % à la production des missions de conseil, relatifs au temps qu'ils allouent à cette tâche (excluant ainsi toutes les autres : R & D, prospection, administratif, etc.).

Fidélisation : entre 2 et 5 %

On retrouve dans cette étape tous les coûts liés à la mise en œuvre des actions de fidélisation des clients : administration et analyse des enquêtes de satisfaction, création d'un journal d'informations destiné aux clients… ainsi que ceux dus au temps passé par les collaborateurs dédiés à ces missions. Sont également comptabilisés les coûts d'entretien de clientèle : visites régulières, écoute et analyse de nouveaux besoins.

Quels rôles commerciaux pour les consultants ?

Les attentes des clients vis-à-vis des entreprises de conseil consistent à pouvoir nouer des relations avec des consultants spécialistes, c'est-à-dire à la fois très compétents dans leur domaine d'intervention et connaissant bien le secteur d'activité du client, et généralistes, c'est-à-dire maîtrisant bien les mécanismes de fonctionnement et de gestion de l'entreprise.

Les clients du conseil souhaitent donc travailler avec une société de conseil proche de leurs préoccupations et comprenant bien leurs problématiques, mais en outre proche géographiquement et fortement réactive à leurs demandes. Le client recherche des compétences, une relation de confiance, une coopération débouchant sur des résultats et se méfie d'un interlocuteur qui ne serait qu'un vendeur.

Dans la prestation de conseil, le professionnel personnifie à la fois le fabricant, le vendeur et, pour une large part, le produit. Le meilleur vendeur n'est pas un commercial à plein temps, mais un spécialiste qualifié qui sait en même temps créer et entretenir des relations d'affaires avec ses clients.

Les trois missions commerciales principales du consultant sont les suivantes :

- son rôle en marketing des produits de conseil;
- son rôle de relais de communication;
- son rôle de prospecteur de nouveaux marchés et de fidélisation des clients existants.

Marketing des produits de conseil

La première mission de marketing repose sur l'animation de la veille commerciale et concurrentielle et l'écoute des évolutions des marchés. L'ambition est ici de contribuer à définir ou à ajuster le positionnement marketing des produits de l'entreprise de conseil, de déterminer les cibles prioritaires et de saisir les opportunités de marchés grâce à plusieurs facteurs, dont notamment les suivants.

Citons tout d'abord l'écoute des évolutions des besoins du marché et les remontées «terrain», grâce à la participation du consultant à des conférences, des colloques, des séminaires d'information organisés par les institutionnels (CCI, Medef, etc.), les branches et les syndicats, les associations professionnelles (ANDRH, MFQ, DFCG, CJD[1], etc.), ou encore certains professionnels de l'événementiel professionnel.

Parmi les autres facteurs, on compte aussi :

- la mesure et l'analyse de la satisfaction client et les actions correctives à mener le cas échéant ;
- l'étude des enquêtes sectorielles du conseil (études annuelles en France Xerfi et SYNTEC Conseil en Management et étude de la FEACO pour l'Europe) ;
- la veille commerciale (sur certains secteurs d'activité) et concurrentielle (benchmarking avec les principaux compétiteurs) ;
- la réalisation d'une revue de presse ;
- la réalisation d'études thématiques ou sectorielles, par ailleurs susceptibles d'être vendues aux clients (bon outil de teasing).

Relais de communication

La deuxième mission commerciale du consultant se concentre sur la communication afin de développer l'image, la notoriété et la réputation du cabinet pour créer des prétextes pour vendre. Ses outils reposent sur :

- l'affichage, la publicité, un journal d'informations à destination des clients et des prospects, la gestion d'un site Internet ;
- la communication événementielle (petits déjeuners, conférences, salons où le cabinet est représenté) ;
- les relations presse ;
- les relations publiques et l'animation et/ou la participation des consultants à des réseaux et des clubs professionnels.

---

1. Dans l'ordre : Association Nationale des Directeurs des Ressources Humaines ; Mouvement Français pour la Qualité ; association nationale des Directeurs Financiers et de Contrôle de Gestion ; Centre des Jeunes Dirigeants d'entreprise.

Prospection et fidélisation

La troisième mission commerciale du consultant réside dans son action de prospection, en élaborant et en mettant en œuvre des opérations de développement de contacts et dans son action de fidélisation de clients. Il s'agit donc de décrocher des rendez-vous auprès d'entreprises prospects et de maintenir la relation auprès des clients grâce à :

- l'exploitation systématique des actions de communication externe comme prétexte de prise de contact;
- la mise en œuvre d'actions marketing «couples produits/ marchés» très ciblées, mettant en valeur l'un des atouts de la société de conseil (sa très grande expérience d'une prestation particulière auprès d'une clientèle sectorielle ou géographique précise par exemple);
- l'entretien de la relation client par des contacts réguliers.

Dans les cabinets grands et moyens, ces trois missions sont partagées par les différents consultants et personnels parfois dédiés des services marketing et commercial. Le consultant indépendant doit les assumer seul.

La matrice suivante constitue une proposition d'outil afin de positionner le rôle de développeur commercial intrinsèque à tout consultant, quelle que soit sa fonction dans l'entreprise de conseil, qu'il soit débutant ou expérimenté, salarié d'une grande firme ou indépendant. Deux axes croisés permettent de déterminer les niveaux de compétences des consultants : le premier est centré sur la préparation des actions commerciales, le second sur la réalisation des actions elles-mêmes. L'intérêt de cette matrice réside dans le travail de diagnostic des compétences commerciales que chacun pourra réaliser grâce à elle et dans le suivi dans le temps de l'évolution de ces compétences afin de déterminer ses axes de progrès individuels dans chacun des rôles commerciaux.

Matrice de développement des rôles commerciaux du consultant sur une échelle de 1 (débutant) à 5 (expert)

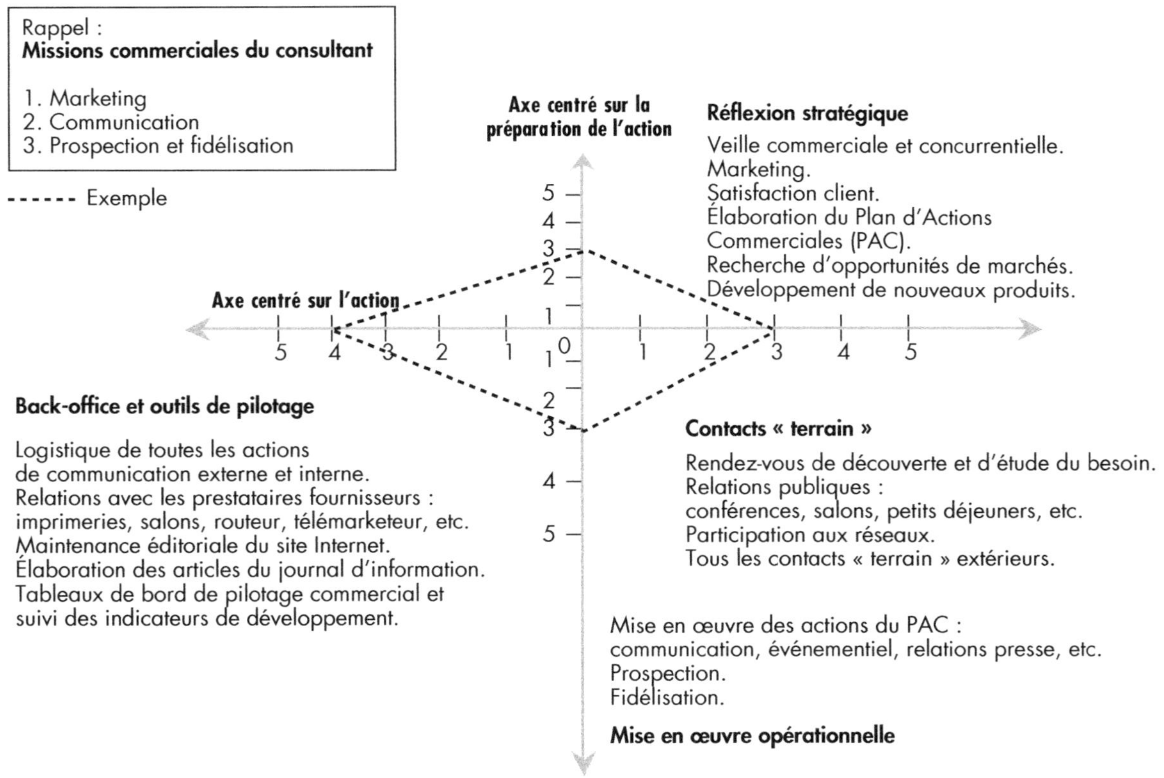

Tableau de bord de suivi commercial appliqué au conseil

Dans les entreprises de conseil, la fonction commerciale n'est en général ni séparée ni autonome, mais partagée entre les consultants. Le pilotage de la fonction commerciale suppose que chaque cabinet définisse les grands axes de sa stratégie de développement des affaires et les indicateurs de suivi commercial à mettre en œuvre.

Plus que tout autre secteur, le conseil est concerné par le passage d'un marketing de masse, dit transactionnel, caractéristique de l'époque industrielle, à un marketing individualisé ou marketing relationnel, caractéristique de l'économie des services, où l'on compte autant de segments que de clients et où chacun doit être traité de façon personnalisée. L'analyse du suivi de certains indicateurs (part du chiffre d'affaires dans tel ou tel secteur d'activité par exemple) permet d'ajuster le choix des cibles, des secteurs et des produits développés le cas échéant.

Les dix-sept indicateurs suivants et le suivi de leur évolution d'année en année constituent des propositions d'outils de pilotage du « Processus de développement commercial » du système qualité des entreprises de conseil.

Le nombre de contacts commerciaux développés

Cet indicateur permet d'évaluer l'intensité de l'investissement commercial. Il s'agit ici du nombre de rendez-vous commerciaux d'analyse du besoin – si un besoin est préalablement identifié – et de rendez-vous dits « de découverte ».

Il convient également de distinguer les rencontres d'entretien de clientèle auprès des clients actifs qui permettent de faire émerger de nouvelles pistes de développement d'affaires.

Le taux de transformation des rendez-vous en nombre de propositions

Il permet d'analyser la qualité des rencontres avec des prospects ou des clients existants : le rendez-vous donne-t-il lieu ou non à la rédaction d'une offre ? L'importance de ce taux sert à apprécier le temps accordé aux visites réalisées. Il sera sans doute faible dans un premier temps s'il s'agit de percer chez un grand compte et que cela nécessite un dialogue avec de multiples acteurs, décideurs et prescripteurs internes.

La taille moyenne des propositions et des contrats

Plus les contrats sont élevés, plus ils permettent des économies relatives sur l'investissement commercial et sur le coût de pilotage du projet. Vendre des contrats de taille importante représente l'une des rares sources d'économies d'échelle dans le conseil.

Les taux de transformation des propositions en contrats

Calculés en nombre et en valeur, ils permettent d'évaluer l'efficacité et la pertinence des offres commerciales et d'agir en conséquence sur les éléments techniques, le niveau des prix, la qualité des profils, etc.

Le taux de rejet (en nombre)

Il peut s'avérer plus ou moins élevé en fonction des secteurs d'activité des clients. L'évaluer permet de cibler les marchés porteurs avec plus d'efficience.

Le taux de récurrence

Il s'agit du pourcentage du chiffre d'affaires de l'année atteint avec des clients existants. Il représente en moyenne un tiers de l'activité des cabinets.

Le taux de fidélisation

Il désigne le pourcentage de clients qui l'étaient deux ans en arrière ou davantage. Il complète le précédent indicateur et indique la durée de la récurrence.

Les scores de satisfaction client

Ils se calculent par la mise en œuvre d'une enquête de satisfaction systématique. Il est recommandé de n'adresser le formulaire d'enquête de satisfaction au client qu'à partir du moment où la facture finale a été acquittée, afin d'éviter des phénomènes de réaction « à chaud » qui fausseraient l'analyse dans les cas de conflit sur les résultats atteints par exemple.

La mesure du temps passé aux activités commerciales

Souvent peu évalué, peu ou mal géré, il représente en moyenne 10 à 15 % du temps des consultants, 30 à 50 %, voire plus, de celui des managers et des dirigeants de cabinets. Ce temps, qui comprend celui passé à la rédaction des propositions, peut amener le cabinet à mieux évaluer le coût réel d'acquisition d'une affaire et à se montrer plus sélectif sur les canaux de développement à privilégier et ceux à abandonner.

Un indicateur « communication »

Il peut se décliner de différentes façons, dont notamment :

- le nombre de numéros d'un journal d'information réalisés en une année ;
- le nombre de communiqués de presse élaborés ;
- le nombre de manifestations événementielles organisées ;
- le nombre et le coût des encarts publicitaires, des campagnes d'affichage.

Un indicateur « marketing »

Il mesure le nombre d'actions de prospection assises sur des couples produits/marchés mises en œuvre par exemple.

L'importance d'un client en pourcentage du chiffre d'affaires

La concentration de la clientèle représente une faiblesse classique de beaucoup d'entreprises de conseil qui dépendent trop de quelques gros clients. La situation s'avère dangereuse lorsqu'un client représente plus de 20 % du chiffre d'affaires ou lorsque les trois premiers clients engrangent plus de 50 % du chiffre d'affaires.

La répartition de l'activité par secteur professionnel

Elle doit être évaluée en fonction des objectifs éventuels de spécialisation par secteur du cabinet. Il faut éviter la situation la plus défavorable d'une structure de clientèle trop concentrée sur quelques entreprises réparties dans de multiples secteurs, ce qui empêche de bien connaître l'un d'entre eux et d'en pénétrer réellement un.

La répartition de l'activité par type de produits ou services

Cet indicateur peut nourrir une analyse du portefeuille de missions selon différentes typologies :

* nature de la mission (conseil, formation, recrutement, outsourcing, etc.);
* domaine de compétences (stratégie, management, RH, systèmes d'information, etc.);
* position dans le cycle de vie du produit.

Le cabinet peut ainsi évaluer d'éventuels déséquilibres dans la gamme de ses activités (une prépondérante par rapport aux autres par exemple) ou des écarts par rapport aux objectifs qu'il se fixe.

L'identification des clients stratégiques

Il s'agit de clients qui évoluent dans les secteurs les plus rentables pour le cabinet et de ceux constituant des références essentielles à acquérir et à maintenir – des «cartes de visite» prestigieuses dont on peut se prévaloir.

Le pourcentage d'affaires obtenues de gré à gré

Il s'agit du pourcentage du chiffre d'affaires obtenu sans mise en concurrence. Il est de plus en plus faible, même chez les clients les plus fidèles. L'appel d'offres tend en effet à devenir la règle.

Le taux de pénétration chez les clients

Il s'agit de la part du budget de conseil occupée par le cabinet chez ses principaux clients. Elle est évidemment difficile, voire impossible à connaître avec précision, mais il reste utile de chercher à l'estimer grâce à des croisements d'informations provenant de l'interne et de l'externe.

L'environnement concurrentiel du conseil a été analysé, les grandes tendances du secteur sont désormais connues, le positionnement stratégique et les outils du pilotage commercial de la structure de conseil définis et mis en place. Reste pour le consultant et l'acheteur à bien comprendre les spécificités de la vente et de l'achat de conseil pour réussir leurs missions respectives. C'est là l'objet de la troisième partie de cet ouvrage.

Les clés de la réussite

Pour devenir meilleur vendeur de conseil, il faut prendre en considération les caractéristiques et les contraintes spécifiques de cette vente, tout à fait distincte d'une vente de produits de grande consommation. Il faut instaurer la confiance, qui ne s'acquiert qu'avec l'utilisation d'outils de marketing et de commercialisation adaptés à l'environnement Business to Business. Parallèlement, pour éviter de faire des mauvais choix en achetant du conseil, il convient d'identifier dans cet achat les caractéristiques intrinsèques au métier de conseil. Les trois premiers chapitres de cette troisième et dernière partie apportent des réponses à ces questions majeures, qui garantissent le succès de part et d'autre. Enfin, le dernier chapitre de cet ouvrage détaille les principales actions commerciales à mettre en œuvre quand on exerce le métier de conseil.

Chapitre 1

Un marché B to B particulier

Caractéristiques du B to B : des spécificités importantes

Le marketing relationnel

B to B, ou Business to Business, est un anglicisme qui désigne l'ensemble des entreprises fournissant des produits ou des services à d'autres entreprises privées ou à des administrations publiques de toute nature : fonction publique d'État, fonction publique hospitalière ou collectivités territoriales (mairies, conseils généraux, conseils régionaux).

ⓘ ⓘ Le conseil du professionnel

Philip Kotler et Bertrand Saporta[1] proposent une méthode de classification qui présente l'avantage de situer les produits B to B en trois grandes catégories : les biens entrant dans le produit final ; les biens d'équipement entrant directement dans le processus de fabrication ; enfin les biens et services industriels n'entrant pas directement dans ce processus. Ces biens et ser-

---

1. Professeur émérite de l'Université Montesquieu Bordeaux IV, spécialisé en marketing industriel.

vices interviennent indirectement en soutien de l'activité de l'entreprise. On retrouve dans cette dernière catégorie les prestations de conseil. 

Le marketing relationnel constitue l'essence même des approches B to B, que ces relations soient liées au marché concerné directement (fournisseurs, clients, concurrents, partenaires) ou plus indirectement (organisations ou individus extérieurs au marché, mais pouvant influencer les courants d'affaires). La création de réseaux d'affaires formels ou informels représente souvent une priorité commerciale en B to B. Le secteur du conseil n'échappe pas à cette règle.

Les différences entre marchés B to B et grand public

Ces différences s'avèrent importantes.

Environnement complexe et clientèle hétérogène

On peut avoir un nombre très important de clients possibles, de tailles différentes, de secteurs d'activités variés. Il en va de même des attentes, des exigences, des implantations et des modes d'organisation multiples, etc.

Décision d'achat

Elle n'est presque jamais le fait d'un individu isolé, mais plutôt d'une structure formalisée en charge des approvisionnements, dans le cadre d'un processus où s'exercent de nombreuses interactions. Le positionnement et les outils de communication des cabinets conseil fournisseurs doivent prendre en compte ce caractère collectif de la décision. C'est ce que Philippe Malaval[1] appelle le «centre d'achat».

La prescription

Une autre différence réside dans le rôle très important de la prescription en amont et en aval exercé par les clients dans la relation d'affaires.

---

1. Professeur spécialisé en marketing à l'École supérieure de commerce de Toulouse, notamment auteur, avec Christophe Benaroya, de *Marketing Business to Business – Du marketing industriel au marketing des affaires*, Pearson Education (2005).

Des produits et services stratégiques

Le caractère éminemment stratégique pour le client des produits ou services achetés s'avère essentiel dans la mesure où ces derniers peuvent conditionner la qualité des biens produits par le client lui-même. Les critères de choix d'un client accorderont en général une large place aux caractéristiques techniques de la prestation de service. C'est le cas en conseil. Cela se traduit par la nécessité de créer de la valeur perçue par le client.

Une relation durable

Les achats s'inscrivent fréquemment dans un contexte de relation durable (souhaitée). Contrairement au marché de la grande consommation, les produits ne sont pas, dans la plupart des cas, «prévendus» par la publicité, sauf les produits et services très formatés. Pour le conseil, cela se traduit par le fait que la promotion et la commercialisation reposent essentiellement sur les consultants eux-mêmes et pas seulement uniquement sur les associés.

Communication

Signalons enfin l'utilisation d'outils de communication spécifiques tels que l'événementiel ou la presse professionnelle.

Le marketing d'affaires appliqué au conseil

La pratique du marketing du conseil s'apparente par certains aspects au marketing d'affaires tel que le décrivent Bernard Cova et Robert Salle[1]. L'opinion partagée par la quasi-totalité des acteurs travaillant par affaires est qu'une entreprise n'a pratiquement aucune chance d'emporter une affaire si elle commence à s'y intéresser seulement lorsque l'appel d'offres est

____

1. Bernard Cova est professeur de marketing international à l'EAP et expert auprès du European Network on Project Marketing and System Selling. Robert Salle est professeur à l'EM Lyon, membre du Groupe Industrial Marketing and Purchasing Group. Ils sont les auteurs de *Le Marketing d'affaires – Stratégies et méthodes pour vendre des projets ou des solutions*, Dunod (1999).

rendu public. C'est le cas en conseil, dans la mesure où la pratique de l'appel d'offres se généralise.

Trois étapes

On peut identifier trois temps à prendre en compte pour la pratique d'un marketing d'affaires efficace en conseil.

En dehors de l'affaire

On ne peut pas encore parler d'affaire, c'est-à-dire de besoin identifié qui pourrait faire l'objet d'une consultation. Cependant, le cabinet conseil prépare le terrain en investissant sur certains marchés et en mettant en avant son offre. Alors même qu'il n'existe à ce stade aucune piste de développement de business, le cabinet de conseil doit entretenir un courant de relations avec des clients potentiels ciblés. Son objectif consiste d'une part à se faire (re)connaître comme un fournisseur possible et d'autre part à rester proche des commanditaires éventuels d'une action de conseil pour laquelle il pourra être sollicité parce qu'identifié comme étant apte à soumissionner.

En amont de l'affaire

Le client a détecté un besoin pouvant faire l'objet d'une sollicitation auprès d'un professionnel du conseil et choisit ou non d'investir des ressources dans la mise en œuvre d'un appel d'offres. C'est alors au consultant de lui montrer qu'il peut répondre à son besoin et l'aider, le cas échéant, à bâtir son cahier des charges.

Dans l'affaire

L'affaire existe officiellement sous la forme d'une mise en concurrence émise par le client (l'appel d'offres), appelant une candidature de la part du cabinet. C'est à ce moment-là que tous les efforts de maintien d'une relation de proximité avec le client potentiel de la part du conseil portent leurs fruits. S'étant fait connaître et ayant maintenu le contact, le cabinet de conseil est «naturellement» appelé à présenter sa candidature.

La gestion du risque lié à l'achat de conseil

Toute décision d'achat de conseil chez un client génère des risques plus ou moins élevés qui dépendent à la fois des enjeux liés à la résolution du problème posé, des caractéristiques de son organisation (les différents intervenants internes et les relations entre eux), du système d'influence qui contribue à la prise de décision et enfin des possibilités de choix dont il dispose sur le marché de l'offre des cabinets jugés aptes à soumissionner.

Le client va chercher à ramener ces risques perçus à un niveau acceptable pour lui. Pour mener à bien cette réduction des risques, il va mobiliser des ressources et des compétences en interne et en externe. Au sein même de l'organisation du client, cette mobilisation se traduira par l'implication d'un nombre d'intervenants d'autant plus grand, de fonctions d'autant plus nombreuses et occupant des niveaux hiérarchiques d'autant plus élevés que le risque associé à la décision est important. Il s'agit là du fameux «centre d'achat» qui a déjà été évoqué (voir p. 84 et 108). À l'extérieur de son organisation, le client va faire appel à tous les moyens dont il dispose pour se rassurer quant à son choix futur : les références du cabinet conseil qui sont similaires à l'action souhaitée, les garanties qu'il propose, toutes les preuves de son expertise, ses certifications. On parle ici de réassurance.

L'approche déterministe et l'approche constructiviste

Placés dans cette situation de fort degré d'incertitude pour les clients, les consultants doivent développer des pratiques marketing consistant à se positionner et à agir fortement en amont des projets. Ils doivent *a minima* anticiper le champ et les règles du jeu : il s'agit de l'approche déterministe. Lorsque cela est envisageable, ils peuvent participer à la construction même du champ et des règles du jeu : on parle alors d'approche constructiviste. Par une combinaison et un dosage de ces deux façons de procéder, les consultants cherchent à éviter le plus possible de se trouver en position de soumission aux contraintes de l'appel d'offres, qu'ils n'ont ni anticipées ni pu élaborer avec le client.

L'approche déterministe part du principe que l'appel d'offres est un élément donné, déjà élaboré et abouti. Il s'agit d'un événement isolé dans le temps (l'affaire), décidé par le futur client. Face à ce type de situation, le consultant cherche à tout faire pour anticiper cette demande, mieux la détecter et s'y préparer. La base de cette approche déterministe du marketing d'affaires est le système de veille. L'élément fondamental de cette dernière réside dans la recherche d'une certaine continuité de la relation entre le consultant et son client potentiel en dehors et en amont de l'affaire. Comment y parvenir? Le succès naît d'une continuité de relations et de contacts renouvelés d'une part avec le client lui-même et d'autre part avec des acteurs clés qui évoluent sur son marché.

De son côté, l'approche constructiviste part en revanche du principe que l'appel d'offres est construit, élaboré conjointement par le client et ses partenaires de conseil potentiels. La base de cette approche constructiviste du marketing d'affaires est la création du projet à la place du client ou avec le client. Elle n'est rendue possible que grâce à une certaine intimité avec ce dernier qui naît par la fréquence des contacts que le consultant sait développer avec lui.

Un maître mot : maintenir la continuité des relations avec le client

Le cabinet de conseil vise donc à réduire la discontinuité des échanges avec ses clients ou avec ses prospects afin de capitaliser sur les investissements relationnels, qui sont source d'autant d'informations essentielles pour anticiper les besoins. Cela se vérifie également même si l'entreprise n'a jamais été cliente. Si l'on compare cette démarche à la logique du marketing industriel de produits de consommation, les investissements consentis dans le cadre d'une démarche marketing en conseil pour entamer une première collaboration et créer la relation sont ensuite amortis par le fait que de nouvelles affaires peuvent suivre. Celles-ci ne demandent pas au consultant le même niveau d'engagement de ressources commerciales que la première. À nouveau, rappelons qu'établir une relation coûte quatre ou cinq fois plus cher que de la maintenir.

 Le conseil du professionnel

Le marketing d'affaires vise à créer la répétitivité des contacts avec le client potentiel. Il faut cependant respecter deux règles. Il faut en effet apporter une information utile au client : présenter un nouveau produit, une nouvelle expérience aboutie chez un autre client aux préoccupations similaires, en un mot offrir des idées, des sources de réflexion innovantes, donner envie. En outre, il convient de bannir toute approche non sincère : provoquer un déjeuner pour le seul plaisir de partager un bon repas avec des espoirs sous-entendus de développement de business ou d'obtention d'une information de la part du client lui fera perdre son temps et celui du consultant. Voilà l'exemple typique d'une approche contre-performante en marketing du conseil. 

Plusieurs moyens existent pour créer cette répétitivité. Le premier consiste à créer des épisodes de nature purement sociale entre deux interventions. Il s'agit d'occuper le temps entre deux contrats différents. De nombreuses occasions permettent d'y parvenir : rencontre à des colloques, organisation d'événements à thème portant sur des sujets d'actualité, invitations diverses, etc. Il n'est cependant pas facile, sans se montrer trop envahissant auprès de son client, de maintenir le contact avec lui alors même qu'il n'existe aucune relation contractuelle en cours. Mais la patience paye, parfois même à long terme.

Un second moyen de maintenir la continuité des relations avec un client se résume bien entendu à générer de nouvelles collaborations, objets de nouveaux contrats. Ces prestations, dites complémentaires ou de suivi, peuvent être des formations de mise à jour, des audits de suivi, etc. Il s'agit en général d'affaires plus modestes que les premières, mais qui permettent de maintenir le lien commercial et de déboucher parfois sur des contrats plus importants. Le consultant est dans la place! Il lui suffit d'être à l'écoute et prêt à rebondir sur un nouveau besoin. Attention cependant à ne pas transformer cet enjeu en l'unique objectif de la présence du consultant chez le client. Il le percevra vite et sa confiance pourra se muer en méfiance en un temps record.

L'approche d'entretien des grands comptes permet cette continuité des relations. Elle impose au consultant d'entretenir des contacts avec une multitude d'interlocuteurs différents au sein même de l'entreprise. Le consultant organise dans le temps ses différents contacts et points d'entrées possibles au sein d'une grande structure. Il n'existe pas en effet pour les grands comptes, contrairement aux PME, un unique interlocuteur pour le cabinet conseil qui souhaite se faire connaître.

Le marketing du conseil en conclusion

Le marketing du conseil prend le contre-pied de celui de grande consommation, fondé sur une analyse du comportement du consommateur. L'existence d'un besoin donné permet, s'il est détecté en amont par le consultant, de préparer une offre en réponse à ce besoin. La demande en conseil n'est parfois pas une donnée, mais un potentiel à construire. Le marketing du conseil oblige à abandonner une vue déterministe des marchés pour adopter un point de vue constructiviste. La demande, l'offre et le marché lui-même seront ce que le client et le consultant choisi auront contribué à construire. Si le consultant ne prend pas les devants, il n'y aura peut-être jamais ni demande, ni offre, ni marché. L'approche constructiviste est loin de recueillir les suffrages des acheteurs spécialisés chargés des prestations intellectuelles. Selon certains, elle emprisonne progressivement le client dans la collaboration avec un prestataire unique, qui a réussi à devenir indispensable dans l'élaboration du besoin, alors même que ce besoin n'est pas encore exprimé.

Chapitre 2

Vente du conseil, comment devenir meilleur?

La plupart des caractéristiques du marketing des prestations de conseil destinées aux entreprises s'apparentent globalement à celles du marketing des services. De par la grande diversité de l'offre des sociétés de conseil et des demandes des clients – tous très différents avec des besoins qu'ils estiment tous spécifiques –, les solutions proposées par les prestataires sont rarement susceptibles de duplication. Les coûts de commercialisation s'avèrent par définition très élevés. Peu de clients réussissent à formuler clairement leurs besoins (en raison de carences dans la rédaction du cahier des charges). De plus, certains d'entre eux ne savent pas toujours très bien ce qu'ils cherchent : pour choisir leur prestataire, ils procèdent souvent par des rencontres de proximité avec des consultants recommandés par leur entourage et dont on leur a vanté l'expertise, la qualité et l'expérience. Il convient donc de les approcher. Les clichés des rencontres feutrées des associés des grands cabinets et de leurs prospects dans les salons chics des clubs fermés ou sur un terrain de golf sont dépassés. Les cercles d'influence font toujours recette, mais ils ne suffisent plus et, surtout, ils ne concernent qu'une frange limitée des acteurs en présence. Pour réussir dans la vente du conseil, il faut de la patience, de la persévérance et de la ténacité, en un mot du temps. Et celui-ci coûte cher. De plus, il est impossible de contacter toutes les entreprises : la segmentation de la clientèle s'impose, un art que les consultants manient mal ou ne souhaitent pas développer, craignant de se couper de marchés potentiellement porteurs s'ils n'en choisissent que quelques-uns. Ils se positionnent alors comme des touche-à-tout et décrédibilisent ainsi leur image.

Ce chapitre ambitionne d'aborder les caractéristiques spécifiques de la vente du conseil et d'aider les lecteurs consultants à effectuer les bons choix pour réussir leurs approches commerciales.

Vendre le conseil, une situation à risque

La première caractéristique majeure des prestations du conseil réside dans son immatérialité : ces prestations ne peuvent être vues, senties, touchées… ou écoutées avant l'achat. Les seuls services intellectuels réellement intangibles ne sont cependant que les services de conseil «purs», à l'image du coach ou du conseil en stratégie haut de gamme «qui ne travaillent qu'avec leur tête».

Avant sa réalisation, la prestation de conseil est effectivement difficile à montrer. Le vendeur pourra essayer de la décrire, de citer des «clients références», mais il lui est impossible d'en montrer à l'avance les résultats réels, appliqués au cas précis du client. Par rapport au produit industriel, le conseil est donc de nature plutôt intangible. Or plus un service est intangible, plus il devient difficile d'utiliser les outils standard du marketing, développés au départ pour les seuls biens matériels. Le client perçoit donc lors de l'achat un risque supérieur. Pour atténuer ce dernier, il recherche des éléments concrets d'évaluation et de matérialisation. L'intangibilité désigne donc la nécessité pour le conseil de trouver les moyens de concrétiser les prestations vendues pour rassurer le client.

Lors de la vente, la prestation de conseil reste encore virtuelle. Dans ce contexte, tout achat/vente de conseil peut s'apparenter au pire à un pari, au mieux à une situation à haut risque et à fort degré d'incertitude pour le demandeur, comme nous

92

l'avons déjà évoqué (voir p. 87), mais également pour l'offreur. Ce degré d'incertitude réciproque se traduit par les reproches adressés par les clients aux consultants : ils vendent des produits peu ou mal adaptés à leur situation et à leur besoin, cherchent à leur faire acheter des produits superflus ou inutiles (gadgets, outils de management à la mode), ne proposent pas de méthodes pertinentes (les outils miracles), sont bien sûr trop chers et manquent parfois de déontologie (honnêteté, respect des engagements, confidentialité, etc.).

Le risque est réciproque et les prestataires gèrent également une situation incertaine. Ils l'expriment en reprochant aux clients de ne pas savoir ce qu'ils veulent et de mal définir leur demande, de ne pas savoir acheter du conseil (on n'achète pas des petits pois ou des boulons !) et parfois de ne pas mettre en œuvre les moyens et les compétences nécessaires en interne pour assurer la réussite des projets engagés.

Cette part incontournable d'incertitude et d'inconnu reste bien sûr très présente avant l'achat, mais le demeure également durant la réalisation de la prestation de conseil. Elle ne peut être supprimée et explique en grande partie la complexité propre à sa réalisation. Mais elle peut être réduite et relativement maîtrisée grâce à une stratégie de recherche de sa matérialisation ou de sa concrétisation : d'abord *via* la présentation de l'offre de conseil elle-même, à l'écrit et à l'oral (quand l'oral existe); puis au travers de tous les signes provenant du consultant : profil, âge, expérience, compétence, références, comportement, apparence physique (l'habit fait le moine en la matière), équipements matériels de ses bureaux, accueil téléphonique et physique, accréditations du cabinet de conseil, etc.

Trois critères spécifiques du conseil

Variabilité

La variabilité représente la seconde caractéristique du conseil : la qualité de la prestation de conseil dépend du contexte de sa mise en œuvre. L'idée de variabilité de cette prestation provient du fait que, contrairement au produit industriel, elle est difficilement standardisable et reproductible à l'identique. Dans la réalisation de la prestation entre en compte le facteur humain : plus celui-ci est important, moins la prestation sera uniforme, car elle est liée à l'individu qui la met en œuvre.

La seconde source de variabilité provient du client lui-même, qui participe à la production de la prestation de conseil. Dans le cadre d'une prestation de formation par exemple, l'implication des stagiaires est essentielle : un même animateur obtient sur la même intervention des résultats différents en fonction de la personnalité et de la motivation des participants. Dans le cadre d'une mission d'outsourcing, la nécessaire coproduction de la prestation renforce de fait cette caractéristique du conseil.

Enfin, le dernier élément source de variabilité est l'effet dit de Floydmann : les premiers effets d'une mission transforment le contexte de développement de la mission elle-même (effet démultiplicateur ou destructeur).

Inséparabilité

Elle désigne la troisième caractéristique majeure du conseil. Les prestations de conseil sont en effet réalisées et consommées simultanément.

Périssabilité

Enfin, la périssabilité du conseil constitue sa quatrième caractéristique essentielle : les services de conseil ne peuvent être conservés pour être utilisés ou vendus plus tard. La périssabilité traduit l'idée que, généralement, les services ne sont pas stockables. Or, cette approche n'est pas si figée, car le transfert de compétences et de méthodes chez le client permet l'apprentissage organisationnel et le consultant capitalise l'expérience acquise (il la stocke) à chaque intervention, alimentant ainsi sa R & D (on parle de «knowledge management»).

Deux priorités en conseil

Il s'agit de développer la notoriété et la réputation du cabinet et d'activer les réseaux de prescription.

Les méthodes de vente agressives sont inefficaces pour le conseil et provoquent des effets d'image négatifs rédhibitoires auprès d'un (éventuel futur) client qui refuse qu'on lui force la main. On utilise donc d'autres méthodes pour inciter les clients à acheter. Elles consistent à développer la réputation de la société de conseil et à activer les réseaux de prescription afin de créer l'environnement susceptible de donner envie au client de choisir le consultant. Le client n'aime pas qu'on lui vende du conseil et, s'il a cette impression, il résiste. En revanche, il est prêt à acheter des solutions à ses problèmes, des réponses à ses demandes, s'il trouve un professionnel en qui avoir confiance.

Distinguons ici deux types d'acteurs en matière de prescription : les prescripteurs internes et les prescripteurs externes. Les premiers sont des responsables fonctionnels qui influencent favorablement (ou défavorablement parfois) les autres membres du «centre d'achat» par rapport à telle ou telle offre d'un cabinet conseil. Par les avis qu'ils émettent, les prescripteurs externes, eux, exercent également une influence sur ces membres. Parmi eux, on trouve essentiellement les autres clients du cabinet (ses références), les experts professionnels, les acteurs institutionnels ainsi que les journalistes.

La prescription occupe une place importante dans les stratégies de marketing mises en œuvre par les entreprises de conseil auprès des multiples interlocuteurs professionnels. Il s'agit de stratégies dites «*pull*», destinées à stimuler la demande par la valorisation de l'offre. Il n'existe alors pas de démarche commerciale à proprement parler, l'objectif étant de transformer le prescripteur en partenaire commercial de l'entreprise, auréolé de son statut indépendant vis-à-vis du client final, dont l'entreprise de conseil ne peut se prévaloir. La stratégie du consultant consiste alors à se positionner comme un conseiller, un informateur et un interlocuteur professionnel du prescripteur : il ne s'agit pas de vendre physiquement un produit, mais de parvenir à le faire référencer dans l'esprit des clients potentiels. Si l'offre du fournisseur est performante, elle contribue à la pertinence des recommandations du prescripteur. Il ne s'engagera donc dans une prescription possible que s'il accorde une confiance totale au service ou au produit prescrit, donc au consultant lui-même.

La communication, les relations publiques et les relations presse jouent un rôle considérable en matière de développement de la notoriété et de la prescription : invitations à des salons ou à des manifestations professionnelles, à des événements de prestige, articles dans la presse professionnelle, journaux d'informations destinés aux clients, ouvrages rédigés par les consultants, etc.

Les limites des outils classiques du marketing

En conseil, la démarche offensive des outils classiques du marketing direct pour prospecter «dans le dur» – campagne de télé-prospection, mailing ou e-mailing à partir de fichiers d'anciens d'écoles, d'annuaires professionnels, sans personnalisation – doit rester proscrite. La loi des grands nombres ne s'applique pas dans ce métier : la vente de services à haute valeur ajoutée pour des prestations intellectuelles n'a rien de commun avec celle de produits ou de services packagés qui s'adossent à une image de marque.

Le mailing en nombre s'avère donc peu pertinent pour décrocher des missions ou se faire connaître. Il est perçu par les clients comme antinomique avec la posture d'expertise ou d'expérience du consultant. La nécessaire personnalisation de l'approche et l'intimité à établir avec le client bannissent son utilisation. Cependant, certaines actions de marketing direct très ciblées, délimitées dans le temps et à destination d'un public déjà familier de l'entreprise de conseil, peuvent porter leurs fruits. Elles permettent en tout cas de maintenir le lien commercial entre le cabinet de conseil et ses clients.

Un consultant doit aborder ses prospects *via* une démarche personnalisée démontrant déjà ainsi sa maîtrise de la problématique subodorée. C'est là un gage d'expertise puisqu'il sait anticiper et pressentir le périmètre dans lequel il pourrait agir.

De même, la rétribution à la prise de rendez-vous ou le commissionnement à un tiers sur un pourcentage du chiffre d'affaires signé ne constitue sans doute pas la meilleure voie de développement commercial en conseil. Il est rare de trouver un « super-commercial » capable d'intégrer à la fois les spécificités du métier et l'expertise du consultant. De plus, les prospects perçoivent mal ce type de démarche car, quand ils choisissent un professionnel expert, c'est avant tout pour la relation interpersonnelle et pour l'expertise que traduisent son discours, sa connaissance du vocabulaire et des problématiques du secteur, de ses acteurs majeurs et de leur position sur le marché. Enfin, il est très difficile d'attribuer la paternité d'une affaire à un tiers, dans la mesure où les outils de communication du cabinet contribuent aussi à développer sa notoriété. L'acceptation d'un rendez-vous sollicité par un tiers apporteur d'affaires tient aussi au travail long et coûteux de multiplication des messages provenant du cabinet et ne représente pas le fruit de la seule action de cet apporteur d'affaires.

Vendre le bénéfice pour le client

Le client n'achète plus du conseil, mais des solutions (plutôt pour les questions relativement peu complexes), de l'accompagnement à la résolution de problèmes complexes et/ou innovants ou du co-pilotage de projets complexes. Nous retrouvons ici le critère de différenciation entre les « travailleurs » du savoir et les « professionnels » du savoir. Le client achète donc les avantages concrets que le consultant peut lui apporter pour traiter les problèmes rencontrés dans l'exercice de son activité. Le principe est bien connu : ce qui compte n'est pas le produit, mais le bénéfice pour le client. Le prix payé par ce dernier vient en contrepartie du bénéfice qu'il retire. Cette affirmation peut s'apparenter à un lieu commun, mais revêt une importance capitale dans l'argumentation du prix que le consultant va devoir détailler.

Or, l'observation des pratiques révèle que les personnels en contact avec les clients sont parfois d'abord (et trop) centrés sur leurs produits et leurs compétences et pas assez sur les clients et leurs préoccupations. Vendre des solutions pour le client (plutôt que son offre ou ses savoir-faire personnels *a priori*) peut donc s'avérer un mot d'ordre utile. La frontière entre la vente et les premières phases d'une intervention éventuelle sont floues, au niveau technique et méthodologique. Le vendeur, même s'il se recentre sur les préoccupations du client, doit aussi être un professionnel pour analyser la situation et chercher comment apporter à ce client une réelle valeur ajoutée. Le risque pour les consultants de se transformer en vendeurs de solutions standardisées existe. Ces solutions sont alors proposées de façon indifférenciée à tous les clients. En se comportant ainsi, les consultants oublient que le conseil consiste moins à vendre des solutions qu'à permettre au client de réaliser des apprentissages organisationnels (processus d'appropriation des apports du consultant). Cela implique des approches différenciées et donc de l'innovation chez les consultants.

Argumenter et valoriser la prestation de conseil

Le consultant doit plus que jamais valoriser son offre auprès de son client. L'analyse de la valeur de cette offre réalisée par le consultant peut l'aider à argumenter sa proposition de conseil. Elle se réfère à ce que rapportera au client le fait d'avoir eu recours au conseil – ou à ce que coûterait le fait de s'en passer. L'objectif du consultant consiste alors à donner des éléments factuels, qui seront d'ailleurs potentiellement repris en obligations de résultats.

Le client va tendre à comparer l'offre du consultant dans une logique de prix de marché. Cette approche se réfère aux prix pratiqués sur le marché pour une prestation comparable. Le client aura intérêt à présenter la prestation proposée comme étant banale pour s'ouvrir à un marché concurrentiel. On ne parle de prix de marché que pour une prestation suffisamment commune pour être proposée et achetée par plusieurs. Il revient donc au consultant de démontrer que la prestation en question est spécifique, pratiquée seulement pour ce client et qu'il est le seul à la maîtriser ! Le client et son acheteur n'auront de cesse de tenter de décomposer la prestation de conseil en éléments assez banals pour être cotés sur le marché.

La vente de conseil en synthèse

Les spécificités des services doivent être prises en compte dans la vente du conseil. Comme nous l'avons vu plus haut (voir p. 94), la première des caractéristiques est l'intangibilité du conseil et la nécessité, pour rassurer les clients, de trouver les moyens de concrétiser les prestations effectuées. La deuxième caractéristique, la variabilité du conseil, se trouve dans le risque que les clients apprécient différemment la prestation effectuée, en fonction de leur propre état d'esprit, mais surtout de l'interlocuteur rencontré au cours de la prestation. L'inséparabilité constitue la troisième caractéristique du conseil : les services sont simultanément réalisés et consommés. Enfin, la dernière grande caractéristique réside dans l'impossibilité de stocker le conseil, c'est-à-dire sa périssabilité.

La vente du conseil consiste à développer la réputation et la notoriété de l'entreprise de conseil et à activer les réseaux de prescription grâce à des outils spécifiques de la vente de prestations de services : les relations presse, l'événementiel, le journal d'informations destiné aux clients, etc., en bannissant les outils «classiques» du marketing direct.

Quelles que soient les prestations de conseil, le concept de «bénéfice client» permet de rappeler qu'il faut partir des véritables attentes du client et non de l'offre prédéfinie par l'entreprise de conseil pour élaborer des prestations qui engendrent de la valeur. Le consultant a pour objectif de valoriser ce bénéfice au travers de tous les indicateurs qui lui permettront de le quantifier et d'analyser la valeur de son offre. Ses arguments de vente seront assis sur les éléments concrets qui naîtront grâce à la prestation de conseil, si elle est réalisée. Tout l'art du consultant consiste à argumenter son offre grâce à ces éléments et à montrer au client ce que lui coûterait le fait de se passer de son conseil.

Entretien avec Érik Pillet[1],

consultant en management et ressources humaines,
ancien DRH d'entreprises internationales.

Quelle est votre pratique du conseil?

J'ai beaucoup acheté de conseil au cours de ma carrière. J'étais
en charge de projets qui nécessitaient une aide extérieure. Lorsque le consultant n'était pas encore choisi – quand j'avais les
mains libres – le plus important pour moi a toujours été la
dimension personnelle de la relation, avec une préférence pour
les cabinets de taille moyenne. J'accorde ma confiance à celui
qui me semble avoir bien compris ma problématique et qui ne
va pas sous-traiter à d'autres la réalisation de la mission.
L'atout des gros cabinets de conseil, c'est leur taille! Leurs structures importantes peuvent répondre à des projets de grande
ampleur (c'est là la limite des petits acteurs). J'ai toujours exigé
de pouvoir rencontrer non seulement le responsable du projet,
mais la totalité des membres de l'équipe, et de donner mon
avis. Pour des achats de méthodologie, les majors sont largement supérieurs aux autres acteurs. Mais, dès lors que la
dimension «sur mesure» intervient, la relation humaine des
petites structures est préférable. Mais je décide rarement seul,
même si je détiens le budget. Il est pour moi essentiel de faire
valider le choix du cabinet de conseil par d'autres membres de
l'équipe utilisatrice. J'ai l'habitude sur les missions de conseil à
enjeux forts de faire se rencontrer consultants et managers,
clients finaux et acteurs importants de l'appropriation de la
démarche. Cette implication est indispensable, surtout si des
résistances fortes sont pressenties et si le projet implique des
changements importants.

---

1. Interview de l'auteur du 12 mars 2007. Érik Pillet a notamment occupé les
fonctions de directeur des Ressources Humaines chez Alcatel, France Télécom
et Airbus.

Pourquoi faire appel à un conseil?

Deux types de besoins sont possibles. Dans le premier cas, les spécifications du contexte et le problème posé sont suffisamment clairs. Cela donne la capacité au client de rédiger un cahier des charges. La réponse est plus aisée et fait souvent appel à des outils ou à des méthodes standard. Le deuxième cas est plus compliqué, car le problème est posé en termes généraux et la solution ne s'impose pas. Le risque d'erreur est fort et l'achat est complexe. La demande et ses contours sont relativement difficiles à définir. La phase de l'écoute et de l'analyse du besoin est une étape cruciale. La relation est plus complexe pour le consultant. Dans tous les cas, l'appel à un consultant se fait en cas de besoin d'expertise qui n'existe pas dans l'entreprise ou parce que le problème à résoudre nécessite l'apport d'un regard extérieur qui facilitera le changement à opérer. Mon expérience m'a montré qu'il pouvait y avoir de très mauvaises raisons d'utiliser des consultants et que ceux-ci devaient faire attention à ne pas être trop instrumentalisés. De toute évidence, une surconsommation de consultants n'est pas un bon signe de santé organisationnelle. Le choix du consultant se mesure au regard de ses références. En tant qu'acheteur, je suis d'autant plus rassuré s'il a réalisé des missions similaires auprès d'autres clients. Mais pas forcément des clients qui me ressemblent de trop près et des missions identiques, car sinon je ne me sens pas compris. Le client aime à se sentir spécifique. La capacité du consultant à mettre en relation son prospect avec d'anciens clients sera également jugée primordiale. C'est un élément fort qui permet de réduire l'incertitude.

Quels sont les critères d'achat du conseil?

L'acte d'achat est itératif. Surtout si l'enjeu est fort, c'est un acte progressif. Au-delà de la compétence du consultant se pose la question de sa capacité à répondre au besoin de son client dans les temps. Le prix n'est pas pour moi le point n° 1. Un prix faible ne signifie pas mauvaise qualité et inversement. Le client est parfois prêt à payer plus cher s'il sent une certaine intelligence dans la manière de faire, de la souplesse de la part du consultant qui sait s'extraire de l'instrument et de la méthode. C'est un critère majeur. Je me méfie des consultants qui ne me paraissent qu'attachés à un outil ou à une démarche, qui ne rendent pas compte de la complexité de l'organisation, de sa culture et des relations humaines. Ils «plaquent» plus qu'ils ne comprennent.

Quelle est la valeur ajoutée des services Achats en conseil?

Je suis très partagé sur cette question. Il y a pour moi une intrusion beaucoup trop forte des acheteurs dans l'acte d'achat des prestations intellectuelles. Les éléments qualitatifs du conseil ne sont pas assez pris en compte. S'il existe un vrai partenariat entre le décideur et l'acheteur et que ce dernier est présent depuis l'origine de la demande, qu'il apporte son aide dans l'élaboration du cahier des charges et participe aux auditions des prestataires, il a une réelle valeur ajoutée. C'est encore trop rare. Cette dérive est essentiellement liée aux calendriers trop courts, mais aussi au manque de formation des acheteurs. Il y a un risque réel que le seul critère qui compte soit le prix, au détriment d'éléments qualitatifs, quitte à serrer le cou au consultant, ce qui rend ensuite le démarrage de la collaboration difficile. Le pouvoir que le service Achats s'arroge est parfois le fruit de la déresponsabilisation ou de l'absence d'autorité du manager demandeur. C'est à l'utilisateur de s'impliquer fortement dans l'acte d'achat lui-même.

Le marché est-il clair?

Les services Achats sont perdus! Le terme consultant recouvre des réalités très disparates et des critères qualifiants compliqués à appréhender. Mais les consultants ont également du mal à se repérer chez les grands comptes. Il est clair que l'implication des services Achats dans les processus d'achat du conseil peut être une très bonne chose, si cela permet de «challenger» les DRH en particulier, qui ne brillent pas spécialement par leur goût de la transparence et leur rigueur dans la présentation de leurs projets. Certains décisionnaires vivent comme un outrage l'intrusion d'un tiers dans leur territoire et leur domaine d'expertise. Mais ils savent se servir des acheteurs pour faire baisser les prix. C'est plutôt une bonne chose de séparer les rôles. L'intervention d'un tiers sur ces questions de négociation est salutaire dans la relation de confiance. Ce jeu d'acteurs doit être bien compris pour éviter le risque de confusion pour le conseil.

Quelles sont vos recommandations pour améliorer les relations entre acheteurs, utilisateurs du conseil et consultants?

L'amélioration de leurs rapports passe par la professionnalisation des acheteurs de conseil et par une relative stabilité des interlocuteurs au sein des services Achats. L'achat de conseil est une spécialité qui ne peut pas être confiée à n'importe qui. Il nécessite donc une spécialisation des acheteurs pour renforcer la confiance en interne. Il n'y a pas de fatalité à ce que cela se passe mal. La surpuissance du service Achats est liée au désintérêt des managers à leur égard. Aux managers d'être plus clairs dans leur demande également! Ils doivent s'impliquer davantage. Ma recommandation aux prestataires est de mieux savoir utiliser les outils de commercialisation adaptés à leur profession. Les décideurs sont saturés de sollicitations par e-mail ou par courrier. La prescription, c'est la voie royale. En fait, il faut demander à ses clients de faire son propre commercial! La recommandation n'occulte d'ailleurs pas la mise en concurrence. Une deuxième piste à creuser : être visible (participer à des tribunes, à des colloques, être présent dans la presse professionnelle). En un mot, occuper le terrain de façon utile et personnalisée.

Achat de conseil, faire le bon choix !

La performance d'une entreprise se mesure au profit qu'elle réalise. Celui-ci correspond à la différence entre le chiffre d'affaires généré par les ventes et les coûts engagés pour réaliser ces dernières. Or, le coût des matériaux, des biens, des équipements et des services représente en moyenne entre 50 % et 70 % du chiffre d'affaires. Dans le contexte économique actuel, les entreprises sont confrontées à une concurrence de plus en plus acharnée. Alors qu'il devient difficile d'augmenter le profit par les ventes, il est en revanche possible d'améliorer significativement la productivité en réduisant les coûts.

La fonction Achats s'impose ainsi comme l'un des principaux gisements de productivité à la disposition des entreprises pour améliorer leur capacité concurrentielle. Pourtant, il peut paraître surprenant qu'après des années de concentration sur le développement des techniques de vente et de marketing si peu d'attention ait été accordée à cette fonction. La situation évolue considérablement : les chefs d'entreprise ne considèrent plus les achats comme un service simplement administratif, mais comme une fonction de réelle importance stratégique dans leur politique générale.

Les achats industriels concernent tout ce qui est acheté par une entreprise. Ils représentent une très grande diversité de produits souvent répertoriés en deux catégories : les achats de production liés à la fabrication du produit final (matières premières, composants, emballages, etc.) et les achats liés au fonctionnement et à l'évolution de l'entreprise (biens d'équipement et investissements, fournitures diverses, transports, services et prestations intellectuelles et de conseil).

Il est plus difficile de s'engager par contrat pour une prestation de conseil, virtuelle par nature, que pour l'achat d'un produit qui répond à un cahier des charges normé. La crainte de faire le mauvais choix parmi une offre pléthorique, la méconnaissance des méthodes et du coût que doivent supporter les entreprises de conseil et la peur de payer trop cher font que les stratégies d'évitement sont nombreuses avant de s'engager dans une relation contractuelle. «*Les prestations intellectuelles, c'est particulier*», peut-on entendre parfois, notamment du côté des consultants. Pourquoi cette spécificité? Parce que c'est le consultant qui aide son client à définir son besoin. Ce même client ne peut-il pas élaborer un cahier des charges dans le domaine du conseil? N'est-ce pas au client et à son acheteur de dire ce qu'ils souhaitent? Se pose alors la question, épineuse, du cahier des charges.

Un sous-ensemble de la catégorie «Services aux entreprises» nous intéresse ici : les prestations de services intellectuels, laissant de côté le transport, la location et l'entretien des locaux, les centres d'appels et l'intérim, mais incluant le recrutement et la formation. Le volume de ces prestations intellectuelles ne cesse de croître et justifie qu'elles fassent l'objet de tant d'attention de la part des entreprises qui y ont recours.

Le cahier des charges, souvent absent

«*Comment peut-on dire au consultant ce que l'on veut puisque c'est lui qui va inventer ce que l'on attend de lui?*» peut parfois dire un utilisateur qui sait à l'avance avec quel cabinet il veut travailler. Le cahier des charges en conseil manque régulièrement à l'appel du fait que la prestation est souvent ponctuelle. Rédiger un tel document s'avère relativement chronophage, surtout

106

pour une prestation unique. Or, sans cahier des charges, l'acheteur reste dans le flou. Pour Xavier Leclercq[1], ce cahier des charges ne peut pas être exprimé en descriptif intégral (obligations de résultats), car il interdirait de fait toute innovation au consultant. Il ne doit pas non plus être exprimé totalement en fonctionnel (obligations de moyens), rendant très ardue la vérification de la conformité de la prestation commandée.

Mais comment le client peut-il rédiger un cahier des charges et dire au consultant ce qu'il veut, puisque c'est ce dernier qui va inventer ce qu'on attend de lui ? Un des mérites de l'acheteur est d'exploiter la concurrence et de définir son approche du besoin avec un consultant et de la valider après comparaison des offres concurrentes.

Le développement des procédures d'appel d'offres qui rend les marchés de gré à gré rares, voire quasi inexistants, impose de fait de plus en plus le cahier des charges comme un outil incontournable de l'expression du besoin. L'acheteur veillera à laisser au consultant la liberté d'exercer sa créativité et de faire preuve d'innovation dans sa réponse. S'il lui impose une méthodologie d'intervention précise qui ne peut pas être remise en cause, il impose de fait de recevoir des offres trop similaires, probablement plus faciles pour lui à comparer. Mais il se prive d'idées nouvelles, d'approches hors des sentiers battus qui pourraient être plus efficaces peut-être, plus créatives sans aucun doute.

---

1. Consultant spécialisé en achats, professeur visitant au troisième cycle Management de l'Achat Industriel (MAI) de Bordeaux École de Management, auteur de l'ouvrage *Négocier les prestations intellectuelles*, Dunod (2002).

Le centre d'achat

 L'œil du professionnel

Armand Dayan[1] précise que l'expression «centre d'achat» a été utilisée la première fois par les chercheurs F. E. Webster et Y. Wind dans "A General Model for Understanding Organization Buying Behavior", *Journal of marketing*, vol. 36, 1972.

Le centre d'achat ou cascade de prescription est un ensemble informel de personnes de fonctions différentes concernées à un moment donné par une même problématique et un même achat (le recours à un consultant pour tel besoin). Ils jouent respectivement les rôles d'utilisateur, de conseiller, de prescripteur, de filtre, de décideur et d'acheteur, chacun avec ses motivations. Pour d'autres achats qui font l'objet d'autres appels, ces mêmes acteurs à l'intérieur de l'entreprise ne seront plus concernés ou joueront un rôle différent.

Le conseil fait souvent l'objet d'un achat collectif, comme nous l'avons déjà évoqué. Le consultant doit alors convaincre plusieurs acteurs différents et non pas le seul utilisateur de sa prestation de conseil. C'est l'une des sources de complexité de l'achat du conseil qui tend à se renforcer du fait des enjeux concernés par les missions elles-mêmes.

Un marché mûr

Les trente dernières années ont été marquées par l'explosion de la demande de conseil, d'ingénierie et de prestations intel-

---

1. Professeur émérite à l'ESCP-EAP en marketing, il a signé de très nombreux ouvrages publiés dans des dizaines de langues, relatifs à la performance commerciale, au marketing et en particulier au marketing B to B. Il est sans doute l'un des maîtres français de ces disciplines, reconnu internationalement.

lectuelles dans leur ensemble. La conjonction de l'explosion des NTIC, du passage à l'an 2000 et à l'euro ont constitué un facteur d'accélération supplémentaire. Les budgets se sont envolés, des dizaines de milliers d'emplois ont été créés et la bulle Internet a explosé.

Le début du XXIe siècle marque l'arrivée à maturité du marché des prestations intellectuelles. Cette maturité se manifeste notamment par une normalisation de la demande qui, après la phase de conception et de réalisation des systèmes d'information notamment, se déplace vers l'évolution, l'optimisation et l'entretien des infrastructures existantes. Autre phénomène notable, l'abondance d'une offre de qualité met un terme à la rareté des ressources et à l'inflation des rémunérations.

Acheteurs de prestations intellectuelles, un métier émergent

Les acheteurs sont souvent dédiés à une famille d'achats ou à un type de clients internes (une grande division, une fonction de l'entreprise). Or, l'achat de prestations intellectuelles se révèle un métier à part entière, qui requiert des connaissances et des savoir-faire bien particuliers.

Pour traiter les prestations intellectuelles, la plupart des directions des achats ont commencé par recruter des acheteurs expérimentés en approvisionnement et en services généraux. Ils ont été confrontés à deux difficultés majeures dans leur nouveau rôle. Ne connaissant pas les particularités des prestations intellectuelles, ils ont tenté d'une part de plaquer sur les achats de conseil les méthodes qu'ils maîtrisaient pour les achats généraux classiques :

- définition de profils types d'intervenants ;
- élaboration de grilles tarifaires ;
- centrage des négociations sur le taux journalier ;
- recherche la plupart du temps vaine de la structure de coûts des prestataires ;

- concentration des achats sur un nombre réduit de fournisseurs.

Les directions opérationnelles, commanditaires du conseil, les ont d'autre part considérés comme des intrus qui venaient déstabiliser les relations de confiance qu'elles avaient construites au fil du temps avec leurs prestataires.

Pour trouver une réponse à ces difficultés, certaines entreprises se sont donc orientées vers le recrutement d'acheteurs expérimentés dans le domaine des prestations. Mais ces nouveaux acheteurs sont rares et ne comprennent pas toujours les particularités du conseil. De leur côté, les directions opérationnelles souhaitent avant tout des intervenants qui connaissent leur métier. La qualité du consultant prime pour elles sur son coût, même si la question du prix a bien entendu sa place dans la négociation. Son expérience, sa capacité d'intégration chez le client, sa connaissance de l'environnement de l'entreprise constituent des facteurs essentiels de succès de la mission. Il y a souvent là une incompréhension totale entre l'acheteur de prestations et son client interne. Ce dernier sait parfaitement que ces aspects ne sont pas des détails, mais des conditions *sine qua non* de la réussite de son projet. L'approche de l'acheteur est plus globale. Il considère que, compte tenu de l'importance des volumes exprimés en jours/homme, les qualités d'un des consultants de l'équipe du prestataire choisi vont compenser les faiblesses d'un autre et que, tout compte fait, seul le tarif importe.

La baisse du prix, unique objectif de l'acheteur?

Si une économie de 200 euros par jour de conseil aboutit à l'échec ou au retard d'un projet, cela signifie que le projet n'avait aucun intérêt pour l'entreprise et qu'il ne fallait pas le lancer; ou que le coût de l'échec ou du retard est sans commune mesure avec l'économie réalisée sur le prix à la journée et que la course à la baisse du prix porte préjudice à tous les acteurs en présence. C'est le cas pour le consultant parce qu'il ne réussit pas à vendre sa prestation à la hauteur de sa valeur ajoutée ou, en tout cas, il ne parvient pas à démontrer celle-ci à son client. Et il en va de même pour l'entreprise qui fait appel à lui pour un projet stratégique qui n'aboutira pas ou pas dans les délais requis.

Définir le prix d'une mission de conseil s'avère délicat. Dans un environnement extrêmement compétitif, où les clients sont de plus en plus exigeants, informés et professionnels, la notion de prix devient de plus en plus centrale. La discussion sur le prix n'est jamais pertinente si elle est exclusive de toutes les autres données du projet de conseil, au premier rang desquelles la valeur ajoutée de la prestation elle-même. Penser que le prix à lui seul constitue un facteur différenciant représente une erreur majeure.

Nous assistons malheureusement à une baisse sensible des prix du marché depuis plusieurs années. Le marché est globalement plus dynamique depuis 2004, mais les prix s'affaissent. Ce phénomène n'est pas un bon signe pour les vendeurs et les acheteurs du conseil. Dans de trop nombreux cas, l'acheteur intervient en aval du processus de consultation et doit montrer qu'il tient sa place. Il entame donc une négociation sur les prix, qui apparaît comme le passage obligé afin d'aboutir à la signature du contrat. Au mieux, elle est considérée comme artificielle, les consultants ayant anticipé l'arrivée tardive de l'acheteur dès la première version de leur proposition. Au pire, elle détruit la relation de confiance que le conseil aura su nouer avec le commanditaire de l'action et peut, parfois, provoquer la rupture.

Commanditaires et acheteurs du conseil : une relation à améliorer

L'acheteur dans les entreprises est parfois placé devant le fait accompli et doit trouver un prestataire et finaliser le contrat dans l'urgence. Ce manque de planification se traduit par son arrivée tardive dans la conclusion de l'affaire et est très mal ressenti par le consultant, qui trouve déloyal de ne soulever la question du prix que lorsque tout est décidé et que la négociation en termes techniques est déjà aboutie.

Un trio idéal

Pour Xavier Leclercq, l'achat parfait repose sur un trio sacré : utilisateur, prescripteur et acheteur. L'utilisateur est le client interne. Il tend à privilégier dans le choix d'un cabinet conseil des critères de sécurité et de qualité technique au détriment du prix. Le prescripteur, quand il existe, aide l'utilisateur dans l'analyse de son besoin et la définition des moyens à mettre en place pour le satisfaire. L'utilisateur et le prescripteur constituent alors l'entité commanditaire qui transmet à l'acheteur le cahier des charges. L'acheteur doit veiller à ce que le besoin de l'utilisateur s'exprime le plus tôt possible. Ce trio s'applique à tout type d'achat, y compris à ceux de prestations intellectuelles. Or, précisément, il ne s'applique pas spontanément dans l'entreprise à cette catégorie d'achats particuliers, notamment en conseil.

Les achats de conseil échappent en effet souvent à ce processus. Il est vrai que, pour la plupart des prestations de conseil, le prescripteur et l'utilisateur sont naturellement confondus dans la personne de l'utilisateur, qui constitue à lui seul le demandeur. Les achats de conseil prennent le plus souvent leur origine dans les directions générales. Les DG et les directeurs de grandes divisions de l'entreprise choisissent parfois l'associé qu'ils souhaitent faire travailler, échappant ainsi au passage par les Achats. L'achat de la chasse de têtes et du recrutement est aussi typique d'une prestation intellectuelle achetée par un utilisateur autoprescripteur et autoacheteur : le DRH. Dans ce domaine, on ne prend un autre fournisseur que quand on change d'utilisateur. Or, bien plus que la négociation des prix de journée, le métier de l'acheteur consiste (devrait consister) à aider les utilisateurs du conseil à préciser leur besoin. L'imprécision du cahier des charges rend pour le consultant la compréhension du besoin difficile et pour l'acheteur la comparaison des offres parfois impossible.

Achats et DRH, une relation à inventer

Afin de réduire leurs dépenses, les entreprises confient à leur direction des Achats la mission, précédemment dévolue à la direction des ressources humaines, d'acheter des prestations RH. Il s'agit principalement de l'intérim, du conseil, de la formation. Dans cette redistribution des rôles, les DRH n'ont pas tout à perdre.

Les entreprises confient depuis longtemps les achats de production à leurs acheteurs et, depuis peu, elles élargissent ce périmètre aux achats hors production afin de les rationaliser. Très prosaïquement, il s'agit ici de réduire les coûts. Cette règle s'applique pour des boulons autant que pour des prestations de conseil. D'après Arnaud Salomon, directeur du troisième cycle Ingénierie et Management des Achats du pôle universitaire Léonard-de-Vinci, les prochains territoires à conquérir pour les acheteurs – déjà explorés depuis quelques années par les services Achats – sont le recrutement et le conseil, après l'intérim et la formation.

Mais la réalisation d'économies sur les prestations de conseil RH est limitée par le risque de baisse de la qualité des prestations. Ce sont les achats des domaines les plus récurrents, les plus standardisés et les moins différenciés (les formations catalogue par exemple) qui sont concernés en priorité par la recherche d'économies, car ils se prêtent plus facilement à des comparaisons. En faisant baisser les prix, les acheteurs augmentent les contraintes sur les salaires des consultants. Pour Bertrand Maguet, coanimateur du groupe de travail Achats de SYNTEC Conseil en Management, les cabinets deviennent alors moins attractifs pour leurs futures recrues. En ne cherchant à négocier que sur les prix et à utiliser les économies ainsi réalisées au profit d'autres prestations RH à plus forte valeur ajoutée, les acheteurs gomment l'essence même de la dimension RH du métier de conseil. Les directions des ressources humaines ont alors un rôle essentiel à jouer pour maintenir la qualité des prestations et ont tout intérêt à collaborer avec les acheteurs le plus en amont possible.

👁 👁 L'œil du professionnel

La Fédération de la Formation Professionnelle (FFP), qui représente les prestataires de formation privés, a entrepris une démarche à l'image de celle de SYNTEC Conseil en Management pour travailler avec les responsables de formation, représentés par le GARF (Groupement des Acteurs et Responsables de Formation). Une charte de partenariat a ainsi vu le jour visant notamment à l'élaboration de bonnes pratiques commerciales et professionnelles et de règles de déontologie. Ce document a débouché sur un *Guide de la relation client-prestataire* en juin 2006. Marie-Christine Soroko, déléguée générale de la FFP, souhaite ainsi faire connaître aux acheteurs les particularités de l'achat de formation.

Le référencement

Obtenir les meilleurs prix

La pratique du référencement traduit la volonté des services Achats de réduire l'éventail des interlocuteurs afin d'obtenir de meilleurs tarifs. La diminution du nombre de prestataires entraîne parfois la mise hors jeu des petits cabinets. Mais les grandes entreprises ne privilégient pas toujours les grands acteurs, comme en témoignait en 2004 Brigitte Departe, directrice des Achats du domaine tertiaire de PSA Peugeot Citroën : «*Les coûts des grands cabinets sont souvent plus élevés, ils présentent l'avantage de proposer des offres multicompétences. Mais nous savons qu'ils font eux-mêmes appel à de la sous-traitance.*» PSA a mis en place depuis 2001 une politique structurée d'achat de prestations intellectuelles : identification des acteurs répertoriés dans une base de données dédiée, processus de décision formalisé en partenariat avec les directions opérationnelles, puis bilan des missions. Mais le panel n'est pas figé : la sortie des cabinets référencés est immédiate si les objectifs fixés ne sont pas atteints.

114

La connaissance du marché constitue une composante essentielle de la performance de la direction des Achats. Mais cette connaissance ne se réduit pas à la liste des dix premiers cabinets conseil. Un vrai travail de référencement consiste à enrichir une base de données de prestataires (et non uniquement de fournisseurs) composée d'informations considérées comme importantes par les achats de prestations :

- le chiffre d'affaires du prestataire;
- la part de ce chiffre réalisée chez le client;
- la santé financière;
- les ratios financiers;
- les implantations géographiques;
- les domaines de compétences;
- les références dans le secteur d'activité du client;
- l'effectif, etc.

Cependant, la plupart du temps ces données de base ne contiennent aucune information sur les tarifs, sur la répartition du chiffre d'affaires et des effectifs par domaine de compétence, ou sur la qualité des prestations… Pour obtenir ces renseignements, le seul moyen consiste à enquêter auprès des cabinets eux-mêmes. C'est là que commence la véritable démarche de référencement afin d'approfondir la connaissance des prestataires issus du premier classement établi. Les informations utiles sont par définition celles qui permettent d'étayer ses choix. Or les critères de choix diffèrent d'une entreprise à l'autre.

Durant les dernières années, les référencements sont devenus quasi systématiques dans les grandes entreprises et s'imposent comme un passage obligatoire pour les prestataires de conseil. Ne pas être référencé constitue dans la plupart des cas une barrière infranchissable à l'obtention de marchés. Mais le fait de l'être ne garantit nullement la moindre mission ! La multiplication des niveaux de référencement dans les grands groupes est très consommatrice de temps pour les conseils (coût de l'élaboration du dossier de référencement qui s'additionne aux coûts commerciaux) et leur utilisation concrète est parfois peu évidente, notamment dans les groupes qui obligent à des réfé-

115

rencements au niveau central, mais laissent ensuite les unités décentralisées (site ou pays) décider de leurs achats de façon indépendante.

Encourager les bonnes pratiques

La tendance actuellement observée et à encourager favorise l'ouverture du référencement aux petits cabinets de conseil, sur un certain nombre de niches.

Parallèlement, des efforts doivent continuer à être faits dans certaines entreprises pour conserver la possibilité de recourir à un cabinet non référencé et pouvant être sollicité en qualité de challenger. S'il réussit à convaincre sur la base de son offre technique, il sera intégré dans le processus de référencement. La négociation sur le prix interviendra alors dans un second temps.

Une autre pratique qui tend à se développer est celle de l'accord-cadre qui vaut par catégorie d'achat un engagement minimum en termes de volumes financiers sur une période considérée. Les deux parties y trouvent leur compte : l'entreprise a identifié un partenaire capable de prendre en charge des volumes importants, le cabinet de conseil a la garantie d'un certain volume de chiffre d'affaires.

Limiter les mauvaises pratiques

La multiplication des niveaux de référencement dans certains groupes peut être considérée comme destructrice de valeur. Elle a pour effet d'exclure les petites entreprises de conseil, qui ne peuvent pas se permettre la dépense en temps pour répondre à cette exigence, et de brider l'innovation, ce qui est préjudiciable à tous.

La sélection des prestataires selon le chiffre d'affaires réalisé avec le client porte également préjudice aux cabinets de niche, à l'innovation et à l'expertise qu'ils peuvent développer, car elle les exclut de fait, ce type d'intervention n'étant pas synonyme de dépenses importantes.

116

Les clients recherchent le maximum d'informations susceptibles de leur permettre une négociation tarifaire au plus juste. Certaines entreprises exigent alors la transmission de données précises concernant les salaires chargés des collaborateurs des cabinets conseil et la structure détaillée des coûts de fonctionnement. Cette pratique est tout à fait discutable. Procéder à une enquête sur le prix de revient du conseil afin d'obtenir une baisse du prix de la prestation dépasse l'échange considéré comme normal dans le cadre d'une négociation.

L'acheteur de conseil doit veiller au taux de dépendance du cabinet vis-à-vis de l'entreprise commanditaire, car le client court le risque de voir sa responsabilité engagée en cas de difficulté financière du prestataire. Ce taux doit être étudié avec prudence. Le cabinet de conseil doit lui aussi être vigilant sur son degré de dépendance vis-à-vis d'un client. Mais si son expertise est jugée rare, voire exceptionnelle, le raisonnement ne tient plus.

Les grilles tarifaires

Tout acheteur digne de ce nom tient à connaître en permanence le prix de marché des achats dont il a la responsabilité. Le squelette de la grille tarifaire des achats des prestations de conseil se matérialise principalement par une liste descriptive de profils à laquelle un prix d'achat est associé. C'est là qu'apparaît une ambiguïté fondamentale : on achète des prestations, mais on recherche des profils d'intervenants.

Le conseil du professionnel

Le syndicat du conseil a élaboré une convention collective qui détaille les différents grades de consultants auxquels les clients peuvent se référer. Elle permet d'apporter aux acheteurs et aux clients une définition simple des différents niveaux hiérarchiques, qui peut les aider à déterminer à quels profils de compétences ils ont affaire lors des référencements.

La nomenclature de profils doit impérativement être accompagnée d'une description précise de ces profils. Or, les terminologies diffèrent d'une entreprise de conseil à l'autre. Le cabinet doit « faire coller » sa propre grille à celle du client, ce qui pose parfois quelques difficultés de concordance. Le nombre de profils pose également problème. Différentes échelles existent au sein de la profession et entre ses différents acteurs, ce qui rend le travail de l'acheteur plutôt complexe pour pouvoir réaliser des comparaisons d'un cabinet à l'autre.

Dans la majorité des cas, ces grilles de profils jouent en faveur de l'acheteur, mais il faut considérer certains effets pervers qui peuvent être accentués par leur formalisation. Le plus souvent, les grilles détaillent les profils sur un critère de durée d'expérience du métier de conseil en consultants débutants ou juniors, expérimentés ou seniors, experts ou spécialistes, managers, directeurs et associés. Or, un consultant peut changer de catégorie entre deux missions, voire en cours de mission. Il conviendra donc de modifier son tarif alors que le travail à effectuer n'a absolument pas changé. Ce phénomène pousse progressivement les acheteurs à acheter des prestations plutôt que des profils.

Afin de développer l'employabilité de leurs consultants et d'assurer aux clients un haut niveau de compétence, les sociétés de conseil investissent dans le développement des compétences de leurs salariés comme l'illustre l'initiative de création du label Compétences de SYNTEC Conseil en Management, prise par la profession dans le domaine de la valorisation des compétences. Ce label vise à maintenir et à faire reconnaître le haut niveau d'engagement de la profession sur le facteur clé de la qualité des compétences de ses consultants. Il donne des points de repère permettant aux clients et aux consultants une meilleure visibilité du développement des compétences au sein des cabinets.

Appels d'offres et prix

Les prestataires de conseil ont parfois l'impression que l'accroissement de la taille des dossiers administratifs, commerciaux et techniques constitutifs des appels d'offres ne se justifie pas par une valeur additionnelle significative. Par ailleurs, les segmentations utilisées par les directions des achats ne paraissent pas toujours pertinentes dans la mesure où certaines ne reconnaissent pas la spécificité du conseil. À cet égard, SYNTEC Conseil en Management a communiqué une grille de segmentation qui peut servir de référence aux acheteurs. Les sociétés de conseil militent pour des choix fondés sur des grilles multicritères prenant en compte la valeur ajoutée des prestations de conseil.

Encourager les bonnes pratiques

Les bonnes pratiques des achats de conseil distinguent analyse financière et analyse technique de l'offre et tiennent compte de ces deux dimensions dans l'élaboration des choix, en les pondérant. Elles privilégient les grilles multicritères qui prennent en compte la valeur ajoutée et la créativité des prestations de conseil, à l'inverse d'une logique de préférence systématique pour l'offre la moins disante.

La soutenance orale de l'offre ou audition est considérée comme une étape essentielle des bonnes pratiques des processus d'appel d'offres, dans la mesure où elle est organisée pour un petit nombre de candidats présélectionnés et qu'elle demeure toujours transparente et équitable. Le choix de répondre aux appels d'offres publics est à cet égard étudié avec parcimonie, dans la mesure où ils ne permettent pas toujours le face-à-face physique avec la société de conseil, compte tenu des contraintes du code des marchés publics. L'essence même de la relation conseil/client est dans ce cas absolument annihilée et les cabinets de conseil rechignent à n'être jugés que sur la base d'une procédure qui ne laisse pas la place à l'écoute active du besoin du client et à l'échange. Cela ne constitue pas l'apanage du secteur public puisque cette pratique se vérifie également dans les grands groupes privés qui la justifient par un gain de temps dans la procédure de consultation.

Limiter les mauvaises pratiques

La plus mauvaise pratique de l'achat de conseil réside dans l'achat limité d'un taux journalier. À cet égard, la pratique des enchères inversées, qui se réduit dans les expériences récentes à une course au prix le plus bas possible, paraît porteuse de menaces pour les prestataires, mais aussi pour les clients à terme et constitue une pratique très contestable. Elle tend cependant significativement à disparaître, les acheteurs de conseil ayant d'une part réalisé que cette pratique était préjudiciable à la qualité de la prestation elle-même. D'autre part, les cabinets de conseil ont fait le choix collectif et solidaire – dans la plupart des cas – de ne plus répondre à ce type de marché. Il existe en effet le plus souvent un lien quasi mécanique entre un prix ostensiblement inadapté et la qualité de la prestation de conseil.

Deux raisons majeures expliquent l'échec des procédures d'enchères inversées dans le domaine du conseil. En premier lieu, le conseil n'est pas une profession standardisée, disponible sur étagère. Il repose sur une étroite coopération avec le client, dont la qualité ne peut être évaluée correctement par un processus d'enchères. De plus, les enchères inversées ne sont pas adaptées aux tendances émergentes en matière de conseil. Les clients demandent aujourd'hui de l'expertise de haut niveau, des interventions combinant des compétences multiples et leur valeur ajoutée se mesure également par rapport à leur capacité d'innovation. Il ne s'agit pas de rejeter l'idée de négociation, qui fait partie intégrante de la vie des affaires. Mais le développement de l'utilisation des enchères inversées entraînerait inévitablement une baisse de la qualité des prestations, pénalisant à long terme toutes les parties prenantes.

Un contexte aujourd'hui moins favorable pour les acheteurs

Les acheteurs ont connu depuis 2000 un contexte particulièrement favorable. Le marché était dominé par les achats de profils, un type d'achat plutôt simple. L'offre était abondante et de qualité.

Du côté des prestataires de conseil, la crise n'a jamais été aussi grave qu'au cours de la période 2001-2004. Le taux d'«inter-contrats» était élevé et la tendance consistait à accepter n'importe quel tarif plutôt que de supporter une nouvelle charge de collaborateurs sous-employés. Les contrats trimestriels ou annuels sans renouvellement tacite ni indexation ont été imposés sans trop de difficultés. Les consultants n'avaient que peu d'expérience de la négociation avec les acheteurs et ne connaissaient pas les règles du jeu. Des grilles en dessous du prix de revient ont été acceptées par les cabinets, de peur de ne pas être référencés.

Le résultat de cette période rêvée pour les acheteurs ne s'est pas fait attendre très longtemps. Les clients ont repris en main leurs budgets et leurs contrats avec des résultats clairement sans appel pour les cabinets qui ne pouvaient pas s'y conformer. Les cabinets de conseil ont connu une baisse de leurs effectifs, un arrêt du recrutement des juniors et une dégradation significative de leur situation financière, y compris chez les plus gros d'entre eux, qui bénéficiaient pourtant de référencements quasi systématiques.

Aujourd'hui, les tendances s'inversent et les acheteurs du conseil sont parfaitement conscients que cette situation n'est pas pérenne et qu'il faut se préparer à un retournement de marché. La croissance à deux chiffres du marché du conseil est à nouveau au rendez-vous, l'offre est de qualité et les consultants sont plus aguerris aux négociations commerciales et au dialogue avec des acheteurs spécialisés.

Tendances émergentes

Trois tendances fortes voient aujourd'hui le jour ou se renforcent dans le cadre des achats de conseil : le développement des appels d'offres en ligne, la question du développement durable et celle de la confidentialité.

L'e-procurement

Il constitue un mode d'approvisionnement nouveau en conseil. Internet a favorisé l'apparition d'une nouvelle façon d'acheter en ligne qui, en supprimant nombre de tâches administratives, permet aux acheteurs de privilégier la négociation, voire le partenariat, avec les fournisseurs potentiels. Ils peuvent en effet les trouver simplement et rapidement, évaluer les offres et choisir celles qui leur conviennent le mieux. Pour pratiquer ce mode d'achat, des places de marché virtuelles ont été créées, lieux de rencontre des vendeurs et des acheteurs. Les premiers y gagnent en temps et en frais de prospection ; les seconds également et encore plus lorsqu'ils regroupent leurs achats, sans parler de la possibilité de choix parmi un plus grand nombre de fournisseurs potentiels en un temps record. Mais cette tendance forte comporte des effets pervers. Les procédures d'appels d'offres en ligne laissent rarement la place à la rencontre avec le commanditaire de l'action et le consultant doit se contenter d'un forum questions/réponses virtuel s'il veut approfondir le besoin exprimé dans le cahier des charges. Dans bien des cas, ce type d'échange s'avère insuffisant, en particulier dans le cadre de projets d'accompagnement complexes.

Le développement durable

Autre tendance significative, le développement durable se trouve de plus en plus inscrit dans les appels d'offres récents du fait notamment de la loi NRE (Nouvelles Régulations Économiques) du 15 mai 2001 à laquelle les grandes entreprises sont soumises. Cela se traduit par des questionnaires longs et détaillés auxquels les cabinets doivent prendre le temps de

122

répondre. Les consultants s'interrogent néanmoins sur l'utilisation qui sera faite *in fine* de ces questionnaires, qui paraissent inadaptés au monde du conseil.

La confidentialité

Enfin, de plus en plus d'appels d'offres mettent l'accent sur la confidentialité, la traçabilité, le contrôle interne… Ces exigences fortes représentent des contraintes pour les cabinets. La responsabilité pénale des dirigeants des entreprises de conseil peut être engagée en cas de non-respect des clauses de sûreté imposées dans les conditions générales d'achat.

L'achat de conseil en synthèse

L'émergence des nouveaux acteurs que sont les acheteurs de prestations intellectuelles confirme la spécificité de l'achat de conseil. Il requiert en effet des compétences nouvelles développées par des acteurs spécialisés : on n'achète pas le conseil comme des kilos de charbon.

L'achat de conseil passe par l'intermédiaire d'un collectif appelé centre d'achat, qui regroupe l'utilisateur final, les prescripteurs internes éventuels et l'acheteur. Les relations entre eux doivent cependant s'améliorer pour éviter les phénomènes d'irruption de l'acheteur trop en aval dans le processus de décision et qui ne se traduisent alors que par la seule volonté de baisser les prix.

La présence de l'acheteur le plus en amont possible de la consultation se traduit par l'existence d'un cahier des charges formalisé, le développement des procédures d'appels d'offres et parfois l'utilisation d'outils d'e-procurement.

Les années difficiles vécues par les acteurs du conseil se trouvent aujourd'hui derrière nous. Le marché a retrouvé sa vigueur et des relations plus sereines s'installent désormais entre les consultants et les acheteurs, au bénéfice de tous. Mais les acheteurs doivent encore affirmer leur rôle vis-à-vis des commanditaires internes, trop habitués à travailler isolément sur la base de leur sélection de prestataires.

Entretien avec Élisabeth Raynalt[1],
consultante spécialisée en Achats.

*En quoi l'achat de prestations de conseil est-il spécifique
et requiert-il une connaissance du métier de conseil
par les acheteurs?*

Le conseil est une prestation typiquement immatérielle. Il est
difficile pour l'acheteur de faire le tri entre les différents prestataires potentiels. Souvent, cette sélection n'est d'ailleurs pas
faite parce que le commanditaire de l'action dans l'entreprise
connaît déjà deux ou trois prestataires susceptibles de répondre à son besoin. Dans le cas contraire, l'acheteur doit définir
des critères de sélection pertinents. Il cherche à savoir si le
consultant peut apporter des garanties sur le succès de
l'action. Son rôle, une fois le cabinet de conseil choisi, consiste
à accompagner l'utilisateur dans le pilotage de la réalisation
de la prestation jusqu'à la facturation finale. Un directeur des
ressources humaines peut à la fois endosser le rôle d'acheteur
de la prestation et celui de donneur d'ordre. En jouant les
deux rôles, il risque d'y avoir un conflit d'intérêt et souvent ce
conflit tendra en faveur du second. Avoir deux acteurs internes
aux missions bien distinctes permet de séparer les rôles. Le DRH
garde ainsi un regard plus objectif sur la mission de conseil.
La difficulté pour l'acheteur est d'être présent dès l'expression
du besoin aux côtés du commanditaire. Il faut qu'il soit en
amont du processus de consultation et il a besoin pour cela
d'une connaissance suffisante du métier de conseil et de sa
culture pour comprendre et aider l'utilisateur interne dans sa
démarche de sélection.

---

1. Interview de l'auteur du 29 mars 2007.

Est-il difficile pour les acheteurs d'identifier un prestataire qui a les compétences requises pour répondre aux besoins de leurs clients internes ?

Cette identification passe par des procédures de référencement qui permettent aux acheteurs de mieux connaître le marché. La première sélection se fait sur des critères assez grossiers : la taille de l'entreprise de conseil par exemple et son degré de dépendance vis-à-vis de l'entreprise (si le prestataire est déjà fournisseur). D'autres critères sont ensuite analysés : l'implantation géographique du cabinet, ses domaines de compétences bien sûr. Enfin, à partir d'une première liste ainsi établie, l'acheteur peut soumettre un questionnaire plus fin. C'est aux derniers présélectionnés que l'on soumet un appel d'offres. Le bon acheteur met ses fournisseurs en concurrence. L'appel à de nouveaux prestataires favorise la créativité, l'apparition de solutions nouvelles.

Comment réagit l'acheteur s'il est démarché par les cabinets conseil qui souhaitent se faire connaître ?

Tout acheteur doit savoir ce qui se passe sur les marchés dont il est chargé. S'il n'a pas de besoins dans l'immédiat, il peut en avoir à moyen ou à long terme. Il a donc besoin d'informations pour se tenir au courant des évolutions du marché. Il peut arriver que le consultant soit éconduit par l'acheteur par un lapidaire *« Adressez-moi votre plaquette »*. Ce n'est pas une formule de politesse creuse. L'information est classée et, le jour où le besoin naît, l'acheteur se réfère aux documents de présentation des sociétés de conseil qu'il a reçus.

Quel est votre sentiment sur l'émergence des acheteurs spécialisés en prestations intellectuelles ?

Cette tendance répond à un vrai besoin, celui de spécialiser les achats afin d'être mieux informés sur les acteurs, les offres et les tendances du marché. L'acheteur spécialisé pourra être un interlocuteur de meilleure qualité pour ses clients internes s'il connaît les spécificités des marchés dont il a la responsabilité. Créer un poste dédié à l'achat de conseil ou de formation est plutôt l'apanage des grandes entreprises pour lesquelles les volumes d'achats justifient la présence d'un spécialiste.

La rémunération de l'acheteur est-elle en partie assise sur le gain économique qu'il réussit à obtenir?

Si cela était le cas, certains seraient très riches! Un système de rémunération indexé sur les économies réalisées se rencontre peu dans la profession. Le rôle de l'acheteur est bien sûr de rationaliser ses dépenses, mais son objectif ne doit pas être uniquement de faire des économies sur les tarifs annoncés. Une prime peut être mise en place sur l'atteinte d'objectifs : le niveau de prix, mais aussi la qualité des prestations, le respect des délais de la procédure de consultation et surtout de la prestation elle-même, la tenue des engagements, les risques… Les économies que peut faire réaliser l'acheteur lors de l'achat de conseil sont le fruit d'une bonne collaboration entre l'acheteur et le commanditaire interne. Il serait donc injuste et inefficace pour la poursuite de la collaboration en interne que seul l'acheteur en bénéficie. Si une prime est envisagée, le mieux est de l'attribuer au «binôme» acheteur/client interne.

L'acheteur n'est-il pas tenté d'acheter des hommes, des CV en somme?

Le délit de marchandage l'interdit. On n'achète pas un CV, mais une prestation de conseil. Combien de fois peut-on entendre : «*Au début de l'intervention, c'est un senior qui était mon interlocuteur, puis ce sont des juniors qui ont pris la suite et qui n'étaient pas à la hauteur.*» Ce que le client attend du prestataire et ce qu'exige l'acheteur, c'est que le cabinet de conseil assure la continuité de la prestation. Le client interne se focalisera souvent sur la volonté d'avoir dans l'équipe tel ou tel associé rencontré par le passé. C'est rassurant en apparence, mais cela ne garantit pas toujours la réussite du projet. Les CV affichés dans les réponses aux appels d'offres ne sont pas des garanties à tous crins. L'acheteur doit s'assurer que les consultants pressentis ont la disponibilité nécessaire pour mener à bien la mission qu'il pourrait leur confier. Il souhaite également s'assurer dans certains cas que ces consultants ne travaillent pas auprès d'une entreprise concurrente, qu'ils sont bien salariés de l'entreprise de conseil et pas embauchés pour l'occasion, courant ainsi le risque de ne pas être formés aux méthodologies du cabinet et à ses outils.

La négociation tarifaire doit-elle être menée par le consultant qui va intervenir ou par un autre acteur du cabinet, qui se charge de la question du prix?

Le prix n'est pas le seul objet de la négociation. Les différentes clauses juridiques du contrat et les délais de réalisation en font aussi partie. Il est préférable de caler dans le cabinet de conseil une organisation symétrique à celle du client. Le commanditaire interne n'abordera jamais la question des prix s'il existe un acheteur chargé de l'affaire. Il sera alors plus opportun qu'un autre acteur que le consultant lui-même soit chargé de la négociation. Il doit s'agir cependant d'un acteur qui a la légitimité pour endosser ce rôle. Si en revanche l'utilisateur est «auto-acheteur», c'est au consultant, futur chef de projet, de prendre en charge le sujet.

Quel est pour vous le point essentiel de l'achat de conseil?

Le cahier des charges est sans nul doute l'élément déterminant dans ce type d'achat. L'acheteur doit aider le commanditaire interne à réaliser un cahier des charges fonctionnel (obligation de résultats) et non uniquement descriptif (obligation de moyens) et à définir avec lui des critères qui vont permettre de mesurer le succès de l'intervention. L'acheteur doit accompagner son client interne dans l'expression de son besoin et non dans la définition d'une solution à laquelle celui-ci aurait déjà pensé. Si le client interne ne sollicite pas cet accompagnement, il aura tendance à n'écouter que les solutions toutes prêtes des différents prestataires du marché qu'il pourra rencontrer.

Entretien avec Fabienne Bernard de Jandin[1],
acheteur prestations intellectuelles d'AGF.

Pourquoi dédier l'achat de conseil à un acheteur spécialisé?

L'acheteur de conseil n'est pas différent d'un autre acheteur. Il se spécialise comme les autres dans son domaine de prédilection. Tous les acheteurs de prestations intellectuelles chez AGF ont une expérience professionnelle passée sans lien avec les métiers du conseil, du recrutement ou de la formation. Ils ont pris ce type de portefeuille et se sont adaptés aux spécificités de leurs marchés. Cette spécialisation est très utile pour des raisons d'efficacité et de meilleure connaissance des prestataires, des clients internes et de leurs besoins. Trois acheteurs se partagent la tâche. Chacun d'entre eux a eu par le passé des responsabilités d'achat de biens matériels : matières premières, travaux immobiliers, nettoyage… Dans les prestations de services intellectuels, on achète un cabinet avec des compétences, des expériences, des hommes. On choisit un cabinet pour son sérieux, mais aussi pour les CV des consultants.

Quels sont les éléments qui vont vous rassurer?

Dans cet univers intangible et impossible à concrétiser, le risque lié à l'achat de conseil va se résoudre par la définition d'objectifs quantifiables et mesurables. Cela reste tout de même difficile à mettre en œuvre. L'évaluation à chaud et à froid des formations peut servir. En conseil, des critères sur la qualité des livrables doivent être définis avant le démarrage en partenariat avec le consultant pour être sûr du retour sur investissement. L'ambition de l'acheteur est de s'assurer le plus en amont possible que la prestation va être conforme à l'attendu : la qualité des CV et la notoriété du cabinet sont des éléments importants pour obtenir le plus de sécurité sur les résultats. La qualité de la compréhension du besoin est primordiale. La

---

1. Interview de l'auteur du 20 juin 2007.

qualité de la rencontre avec les consultants qui seront potentiellement les interlocuteurs de la mission, l'organisation, le planning, les outils du prestataire, la méthodologie de l'action préconisée et le coût bien sûr font partie de notre grille de cotation. Le service Achats est sensible aux accréditations du cabinet, mais celles-ci ne sont pas indispensables.

Quelles difficultés rencontrez-vous pour identifier et sélectionner un prestataire de conseil?

Le marché du conseil est plutôt ouvert. De très gros acteurs et une multitude de tout petits coexistent. La sélection est difficile, car les clients internes ont parfois du mal à identifier leur besoin. Les achats cherchent à travailler avec des prestataires de façon plus ouverte. Le client interne aura tendance à rechercher le prestataire qui aura fait la même chose chez un autre grand de l'assurance. Parfois, il est tout simplement impossible de trouver à l'identique. On prend donc des risques en ouvrant la consultation. L'acheteur et le client travaillent de concert pour définir une short-list, validée à deux. Peu de prestataires sont reçus en rendez-vous. Ils sont trop nombreux et le temps manque. L'envoi de plaquette est la plupart du temps une fin de non-recevoir. Le marché est en effet trop vaste au regard de notre disponibilité!

Comment se coordonnent les relations entre utilisateurs internes et acheteurs?

Il n'y a pas chez AGF de procédure de référencement ni en conseil, ni en formation. L'acheteur n'est pas systématiquement en amont de l'expression du besoin, ce qui complique l'achat de conseil. Il est perçu comme celui qui fait baisser les prix. Les procédures internes imposent pourtant de s'associer à l'acheteur dès l'amont du projet. Mais parfois ce n'est pas le cas. L'achat de conseil relève d'une relation proche, intime, entre l'utilisateur final et son consultant, ce qui explique en partie cet état de fait. Le poids de l'habitude de travailler avec tel ou tel prestataire est aussi un facteur explicatif.

Quel est le rôle de l'acheteur alors ?

Sa valeur ajoutée réside essentiellement dans son rôle de prescripteur interne. Il fournit aux décideurs des informations sur le marché du conseil et sur ses acteurs. Des réunions annuelles d'échanges sont organisées avec eux. Elles permettent de consolider les données au niveau de l'entreprise. Les prestations intellectuelles et les déplacements, dont l'intérim, représentent globalement un quart des achats hors production (c'est-à-dire les experts assurance). Le rôle de l'acheteur est également de contribuer à la rédaction des cahiers des charges avec le commanditaire interne. Il apporte son aide dans l'analyse du besoin : c'est un point clé du succès de l'intervention de conseil.

Entretien avec Lise Letondel-Guia[1],
responsable des relations fournisseurs de la Société
Générale.

L'achat de conseil se distingue-t-il d'un autre type d'achat?

Oui, il s'agit pour moi d'un type d'achat spécifique qui se distingue nettement des achats de biens matériels, même si les règles de l'achat sont les mêmes. Il n'y a pas de formation initiale nécessairement obligatoire pour faire ce métier, mais ce type d'achat requiert une sensibilité aux prestations intellectuelles.

Quelles difficultés vivez-vous pour identifier
et sélectionner les bons prestataires?

Je suis très attachée aux références passées du cabinet. Je « subis » les appels des prestataires qui souhaitent me rencontrer pour me présenter leur savoir-faire. Je suis en effet de plus en plus sollicitée, au même titre que les décideurs des actions de conseil. Mes moyens de sourcing sont doubles : les gros acteurs incontournables du marché et d'autres acteurs identifiés principalement sur Internet. Plus de 50 % de mon activité est dédiée à mon rôle de veille sur le marché. Je recherche donc des éléments chez les conseils qui me donnent envie de provoquer la rencontre. Le marché est très dense et le bouche-à-oreille est capital dans le choix des acteurs sélectionnés pour concourir à un appel d'offres. Le conseil que je peux donner aux consultants est d'être proactifs pour donner l'envie de la rencontre pouvant apporter une solution à l'une de nos réflexions et de prendre soin d'assurer la qualité du site Internet de leur entreprise.

---

1. Interview de l'auteur du 20 juin 2007.

*Vous n'êtes pas acheteur. Quel est votre rôle au sein
de l'entreprise ?*

C'est clairement un rôle d'interface entre les prestataires de conseil, les acheteurs et les utilisateurs eux-mêmes. Il s'agit d'une mission dédiée essentiellement au sourcing. Si le prestataire est référencé, un contrat cadre signé ne garantit pas un engagement de volume, mais un prix de journée négocié et une diffusion de l'information auprès de toutes les entités et filiales de l'entreprise. C'est aussi un rôle d'aide à la sélection des acteurs du marché. Ce qui implique l'obtention de garanties. Mais c'est à l'issue de la mission que l'on sait vraiment ce que l'on a acheté ! C'est pourquoi une grille d'analyse des offres est systématiquement utilisée. Elle permet d'évaluer en amont tous les éléments qui vont servir de garantie, à rassurer nos clients internes : l'analyse du besoin, la soutenance orale et la qualité de l'animation dont fait preuve le consultant à cette occasion, la solidité financière du cabinet, les profils des consultants et leurs expériences passées, le prix. Les enchères inversées sont tout à fait inappropriées dans ce domaine. La complexité du marché a imposé la création de ma fonction au sein de l'entreprise pour travailler en soutien des acheteurs.

*Quelle est votre principale crainte dans l'exercice
de votre métier ?*

Dans ce marché très large, c'est de ne pas identifier un prestataire utile pour l'entreprise et de faire le mauvais choix. C'est aussi ne pas suffisamment connaître le marché pour être capable d'identifier le consultant dont nous avons besoin, alors que la tendance est clairement à limiter le nombre de fournisseurs dans le domaine des prestations intellectuelles. Certains petits acteurs, peu susceptibles de prendre en charge des actions d'envergure de par leur taille réduite, sont néanmoins d'excellents professionnels. C'est le paradoxe le plus difficile auquel je dois faire face. Les petits sont plus souples et plus créatifs, mais le panel ne peut être élargi à moins d'une réelle plus-value.

Chapitre 4

Bâtir le plan d'actions commerciales de l'entreprise de conseil

Tout comme dans n'importe quel secteur d'activité, les acteurs du marché du conseil peuvent (doivent) élaborer un Plan d'Actions Commerciales (PAC) afin de leur permettre d'allouer leurs ressources (*a priori* épuisables) en fonction de leur stratégie commerciale.

Méthode de construction du PAC

La méthode en sept étapes évoquée dans ce dernier chapitre a été développée par Pascal Py[1]. Elle présente le grand mérite d'être très opérationnelle et facile à mettre en œuvre. Elle s'applique aux entreprises de conseil comme à toute entreprise.

---

1. Directeur de FORVENTOR, cabinet de conseil spécialisé dans le domaine commercial/marketing, et auteur notamment de l'ouvrage *Méthodes et astuces pour concevoir et piloter un Plan d'Actions Commerciales – Le break concurrentiel*, Éditions d'Organisation (2005).

Sept étapes

La toute première étape de la méthode d'élaboration du plan d'actions commerciales a pour objectif de donner un cadre de référence fondamental aux actions commerciales : il s'agit de définir la vocation de l'entreprise de conseil et les finalités auxquelles aspire son dirigeant. Nous les avons évoquées au chapitre 2 de la première partie de cet ouvrage, sous le terme d'objectif prioritaire de l'entreprise de conseil (voir p. 25). À ce stade, il faut analyser les contraintes et les obstacles internes et externes à surmonter évoqués dans la deuxième partie au chapitre 1 et les tendances du marché mises à jour dans le chapitre suivant dans l'analyse de l'environnement.

La deuxième étape invite à mener une réflexion stratégique pour se demander sur quels marchés on évolue, quel positionnement on choisit (voir le chapitre 3 de la partie II). Cette réflexion sur l'attrait de ses marchés permet d'identifier les meilleures cibles de clients et d'arrêter la bonne stratégie commerciale.

La troisième étape, cruciale, est celle du diagnostic commercial. Elle se déroule en deux temps. Le premier sert à identifier les facteurs clés des succès commerciaux pour réussir sur le marché du conseil. Le deuxième temps permet d'analyser les forces et les faiblesses commerciales de la société de conseil elle-même. La comparaison des deux laisse apparaître des avantages et des handicaps concurrentiels dits commerciaux.

Les avantages concurrentiels commerciaux de l'entreprise de conseil constituent les «vraies» forces qui s'avèrent pertinentes au regard des facteurs clés de succès du marché. En effet, une force est intéressante dans la seule mesure où elle est constitutive d'un réel avantage et participe d'une manière quelconque aux chances de victoire. L'avantage concurrentiel se définit ici comme tout écart, observé par rapport à la concurrence, qui joue en faveur de l'entreprise sur son marché.

Les handicaps concurrentiels commerciaux de l'entreprise de conseil représentent ses «vraies» faiblesses, qui limitent son développement au regard des facteurs clés de succès du marché. En effet, une faiblesse doit être surmontée, pour autant qu'elle soit réellement handicapante pour pouvoir prétendre au succès. Les handicaps concurrentiels sont définis comme toutes les insuffisances ou déficiences internes qui désavantagent l'organisation commerciale du cabinet et lui nuisent dans la compétition qui l'oppose aux autres acteurs du métier.

La quatrième étape de l'élaboration du PAC vise à transformer le diagnostic commercial en lignes directrices d'actions majeures à mener en garantissant leur cohérence et leur pertinence.

La cinquième étape correspond à la remise en cause du marketing mix. Il faut alors revisiter son offre sous tous ses aspects : produits, prix, outils de communication et force de vente.

La sixième étape, elle, ambitionne de faire le choix des actions commerciales à mener pour surmonter les handicaps concurrentiels et écarter les menaces. Ces actions vont se concentrer en priorité sur les vraies faiblesses de l'entreprise de conseil.

Enfin, la septième et dernière étape consiste à formaliser tous les projets d'actions à mettre en œuvre, priorisées, planifiées et budgétées.

Les étapes 1 et 2 ayant déjà été largement évoquées dans les chapitres précédents, les pages suivantes se concentreront sur le choix des actions commerciales prioritaires dans les métiers de conseil.

Analyse des facteurs clés de succès commerciaux

Afin de permettre à tout acteur du marché du conseil d'identifier les facteurs clés de succès commerciaux pour réussir dans le secteur, il faut lister dans le tableau suivant les différents points à analyser. La liste reproduite ci-dessous est donnée à titre indicatif. Les différents facteurs cités sont ceux jugés les plus importants par les professionnels du conseil pour être performant sur le marché. À chaque item est attribuée une note qualifiant l'importance du facteur clé de succès pour réussir sur le marché du conseil. À chacun d'attribuer la note qu'il estime la plus juste (la plus élevée pour le facteur le plus important). Le tableau sera élaboré par ordre décroissant d'importance des facteurs.

Facteurs clés de succès commerciaux du conseil	Note
La notoriété de l'entreprise de conseil sur son marché (connaissance spontanée des clients).	
La réputation de l'entreprise de conseil (ce que les clients disent d'elle).	
L'impact des outils de communication externe de développement de l'image.	
La qualité de ses prestations de services, de ses outils et de ses méthodologies.	
La part de marché déjà détenue par l'entreprise de conseil sur son marché.	
Le respect des délais, du budget, des engagements sur les livrables.	
La qualité de l'accueil téléphonique.	
La qualité du suivi commercial des clients à l'issue du projet (contacts réguliers).	
L'impact personnel des consultants auprès des clients (relation *intuitue personae*).	
Le prix des prestations de l'entreprise de conseil.	
La reconnaissance par les clients du savoir-faire des consultants.	
Les délais de paiement négociés avec les clients.	
La réactivité et la qualité de l'action correctrice suite à l'enquête de satisfaction à froid.	
Les actions commerciales par téléphone (prise de rendez-vous).	
L'existence de produits spécifiques que l'on est le seul à vendre.	
Un «catalogue» de produits/services, une plaquette et des outils d'aide à la vente attractifs et clairs.	
La stabilité des équipes de consultants.	
La maîtrise des techniques de vente par les consultants.	
Etc.	

Analyse des forces et des faiblesses commerciales de l'entreprise de conseil

Cette analyse reprend les mêmes items utilisés à l'étape précédente dans l'analyse des facteurs clés de succès commerciaux. Cette fois, une note est attribuée pour chaque critère en se posant deux questions. Dans l'organisation commerciale de l'entreprise de conseil pour laquelle se fait l'analyse, ce critère représente-t-il plutôt une force ou une faiblesse? Quelle est son intensité : s'agit-il d'une petite ou d'une grande force, d'une petite ou d'une grande faiblesse?

Les forces désignent tous les points «commerciaux» internes qui constituent de véritables atouts concurrentiels pour soutenir ou favoriser les actions commerciales, juguler les menaces ou saisir les opportunités quand elles se présentent. Les faiblesses, elles, sont toutes les insuffisances «commerciales» internes qui limitent ou entravent le développement de l'entreprise.

Un deuxième tableau doit être élaboré par ordre décroissant d'importance des forces.

Identification des avantages et des handicaps concurrentiels commerciaux

Le croisement des deux analyses précédentes permet d'identifier les avantages et les handicaps concurrentiels de l'entreprise de conseil dans le domaine commercial. Un critère qui représente un facteur clé de succès important sur le marché, mais constitue une faiblesse commerciale de l'entreprise de conseil, définira un handicap concurrentiel commercial (une vraie faiblesse). À l'inverse, si le critère représente toujours un facteur clé de succès important sur le marché, mais constitue par ailleurs une force commerciale de l'entreprise de conseil, il définira alors un avantage concurrentiel commercial (une vraie force).

L'œil du professionnel

L'un des facteurs clés de succès commercial reconnu sur le marché du conseil est la notoriété spontanée du cabinet. Si une société de conseil qui se livre à cette analyse réalise que l'une de ses grandes faiblesses est justement le manque de notoriété auprès des acteurs de son ou de ses marché(s), alors il s'agit pour elle d'un véritable handicap concurrentiel commercial. Mais, si sa notoriété est excellente, elle dispose d'un avantage concurrentiel commercial certain.  

L'item qui représentera un facteur clé de succès faible et constituera une force commerciale pour l'entreprise définira alors une fausse force. De façon similaire, l'item représentant un facteur clé de succès faible et une faiblesse commerciale pour l'entreprise définira alors une fausse faiblesse. Ainsi, même si le critère des délais de paiement est important puisqu'il conditionne la facilité de financement du besoin en fonds de roulement de l'entreprise de conseil, il peut être considéré comme un facteur clé de succès commercial moins important que d'autres. Si le cabinet qui se soumet à cette analyse identifie qu'il s'agit là d'un de ses points forts, car il sait négocier des délais à son avantage, il ne s'agit pour lui que d'une fausse force. Si en revanche il a du mal à négocier des délais courts, on sera en présence d'une fausse faiblesse.

Quelles actions commerciales prioritaires en conseil?

Les avantages et les handicaps concurrentiels commerciaux ayant été définis, il faut à présent délimiter les contours des grands axes d'actions commerciales à mener pour répondre en particulier aux handicaps ainsi identifiés. Chaque handicap concurrentiel commercial doit faire l'objet d'une réflexion sur les causes *a priori* à l'origine du handicap et sur les enjeux que ce dernier recouvre. Et ce sont sur ces causes qu'il faut agir.

Ce chapitre ne propose pas une liste exhaustive des différentes actions commerciales possibles sur le marché du conseil. Leur inventaire complet n'aurait pas de sens. En revanche, les pages suivantes ont pour ambition de mettre en exergue certaines d'entre elles, jugées particulièrement pertinentes et prioritaires, eu égard aux spécificités de la vente des prestations de conseil, largement évoquées dans le deuxième chapitre de cette partie (voir p. 91). Ces actions ambitionnent de créer une relation entre le consultant et le client et non de rechercher l'acte d'achat lui-même en tant que tel. L'art du consultant pour convaincre son client tiendra par la suite essentiellement aux qualités de l'offre elle-même.

Actions de conquête

Elles regroupent toutes les opérations de développement commercial qui visent à gagner les faveurs de nouveaux clients. Elles sont délibérément orientées davantage vers la recherche d'un processus d'engagement que vers la signature immédiate d'un bon de commande.

La prospection

En conseil, la prospection a pour objectif de vendre l'intérêt d'un rendez-vous et non de vanter les vertus de tel ou tel produit de conseil. C'est ce qui rend l'exercice facile et accessible, même pour le consultant non aguerri aux techniques de vente : il n'est pas question de convaincre du bien-fondé de l'intervention par téléphone, mais de réussir à obtenir un entretien en face à face. C'est à l'occasion de cette rencontre physique que le consultant fera s'exprimer le prospect sur ses besoins possibles, l'encourageant ainsi à présenter les produits et les démarches de conseil pouvant y répondre.

Une première question se pose alors. Quelles entreprises démarcher? Il faut cibler. C'est là une priorité absolue sur un marché qui n'a par essence pas de limites. Toute entreprise peut potentiellement faire appel au conseil, mais toutes n'auront pas la même facilité d'accueil face à un professionnel qui leur tend la main. Il faut donc sélectionner les prospects en fonction de leur aptitude potentielle d'achat. Celle-ci est fonction du secteur d'activité de l'entreprise, de sa taille, de son habitude ou non de faire appel à une compétence externe pour l'aider dans ses projets et de la difficulté reconnue par le consultant à entrer en contact.

À qui confier cette activité de prospection ? Cette responsabilité doit être partagée et la mise en œuvre des actions de prospection n'est pas obligatoirement du ressort exclusif d'un seul type d'acteur au sein du cabinet. Ainsi, certaines pourront être centralisées par le service commercial dédié de l'entreprise de conseil (s'il existe), pour des actions très ponctuelles et de faible volume vers des niches pointues de prospects ou vers des grands comptes qui requièrent de multiples contacts d'approche, très chronophages et qui prennent parfois plusieurs années avant d'aboutir à une première commande. D'autres devront être réparties au sein même des équipes, sous la supervision d'un manager, en coordination avec le service commercial pour éviter les chevauchements de cibles entre deux actions. Enfin, certaines pourront être réalisées par un acteur externe, un prestataire de service, un professionnel du télémarketing ou un expert de la prise de rendez-vous.

Le sponsoring et le mécénat

Il faut distinguer les deux. Le mécénat concerne l'art, la culture ou une grande cause sociale (humanitaire par exemple). Il s'agit de soutenir cette cause, sans aucune contrepartie ni exploitation commerciale directe, en s'effaçant derrière un événement créé dans ce but, sans possibilité d'en contrôler le traitement par les médias. Ce mode de communication vise à améliorer l'image de l'entreprise de conseil dans une perspective de moyen, voire de long terme.

Le sponsoring, lui, concerne tout type de projet faisant l'objet d'une manifestation événementielle ou non, qui permet au cabinet de conseil d'assurer une visibilité de sa marque et de son image. L'exploitation commerciale est directe : le cabinet finance l'action, ses représentants sont appelés à prendre la parole et à promouvoir leur entreprise.

Le mécénat constitue un outil de développement commercial redoutable. Il contribue à diffuser l'image du cabinet et développe auprès de sa cible un accueil bienveillant vis-à-vis du cabinet lié à la nature même de la cause soutenue. De multiples outils permettent de valoriser l'investissement ainsi réalisé : l'organisation d'un cocktail avant un vernissage ou après un concert où l'on retrouve ses clients invités, des rencontres et des échanges avec eux autour d'un prétexte autre que professionnel pour maintenir la relation. Le mécénat n'est pas l'apanage des grosses sociétés de conseil. Sans doute méconnu des plus petites structures, en tout cas culturellement éloigné de leurs préoccupations, il se révèle cependant un outil extrêmement performant pour le monde du conseil. Être mécène d'un artiste-peintre n'engage pas forcément des dépenses excessives et permet de créer la différence!

Les relations publiques et l'événementiel

Les relations publiques (RP) ou les actions événementielles regroupent les actions de communication conçues par l'entreprise sous la forme d'un dialogue avec ses différents publics. Elles ont principalement pour objet d'établir des relations de confiance avec la cible, de mieux comprendre ses attentes, de l'informer avec la plus grande objectivité possible sur les réalisations des consultants, sans propagande ni publicité commerciale. Il s'agit moins de vendre que d'obtenir un soutien moral, facilitant l'accès de l'entreprise au conseil.

L'évaluation de l'efficacité des relations publiques reste cependant difficile. On peut toutefois mesurer leur impact sur l'évolution de la notoriété et de l'image de l'entreprise de conseil (premiers objectifs des campagnes de RP) grâce à des études de type avant/après l'événementiel. Une autre piste d'évaluation réside dans l'obtention de retombées presse : leur nombre, la nature des supports presse, leur importance (de l'entrefilet à l'article pleine page).

La principale difficulté dans le choix des actions de relations publiques pour le conseil réside dans la profusion d'événements utilisés ou créés spécifiquement pour ce type d'approche. Cela rend son efficacité quelque peu hypothétique. On assiste en effet depuis quelques années à une forme de surenchère dans la créativité des événements pour tenter de garantir un impact acceptable. Il s'agit donc pour toute société de conseil de créer des événements «différenciateurs» pour garantir le succès. Quelques critères permettent de rendre l'impact plus sûr.

Le conseil du professionnel

Il convient ainsi de choisir un lieu prestigieux et d'éviter les endroits trop communs, mais néanmoins agréables : les mêmes grands hôtels et pavillons de réception sont souvent élus. Il faut plutôt innover et oser la différence, quitte à paraître «décalé». La pertinence du lieu de réception constitue l'un des éléments d'attractivité à ne pas négliger.

Il est aussi important de donner la parole à des «têtes d'affiche» pour apporter du crédit. Il s'agira de professionnels reconnus par leur environnement pour leur expertise, de clients qui acceptent de «porter la bonne parole» parce qu'ils sont satisfaits. L'impact du témoignage d'un client est sans conteste un «must» en la matière !

En outre, l'organisation ne supporte pas de failles. Il convient de prévoir des facilités de parking, voire un service voiturier, un buffet de qualité, enfin des horaires adaptés. En effet, mieux vaut parier sur un petit déjeuner que sur une conférence le soir, car on se sait jamais ce que réserve la journée de travail qui pourrait empêcher l'invité de se présenter à temps…

Enfin, mieux vaut définir et préparer le sujet soi-même ou la façon dont il est traité de façon approfondie, tant les thèmes sont aujourd'hui galvaudés par la presse et les publics professionnels…

L'intégration à des réseaux et des cercles de prescripteurs

L'appartenance à des mouvances de tout ordre, clubs, associations, amicales d'anciens élèves, syndicats patronaux et qu'elle qu'en soit la vocation (professionnelle, artistique, sportive, caritative, etc.) représente un moyen exceptionnel de conquête de nouveaux clients. Le réseau, voilà le mot magique ! Il s'agit de la clé de voûte de la réussite commerciale du consultant. C'est pourtant sa construction qui pose problème. Le conseil est un métier de prescription, de recommandation. Le bon consultant est celui que l'on vient voir et non celui qui sollicite. Il doit se présenter à son réseau en offreur et non en demandeur. La démarche doit être volontariste. Faire partie d'un réseau impose de prendre l'initiative d'y participer activement et suppose donc un investissement de la part du consultant. En un mot, ce dernier doit formaliser, programmer et organiser ses contacts de réseaux.

Le réseau est de plus en plus vécu comme une nécessité et constitue un passage obligé pour le consultant. Toute la difficulté pour celui-ci consiste alors à choisir les bons. On se retrouve souvent membre de multiples cercles ou clubs, avec une tendance à l'infidélité : on y va, on «papillonne», puis on part. À nouveau, s'engager dans un réseau n'est utile que si l'on y contribue dans la mesure de ses compétences – donner avant de recevoir – à condition de faire preuve d'assiduité. C'est une volonté réciproque de réaliser des actions concrètes. Mais le retour sur investissement dans un réseau prend du temps, car celui-ci sert d'abord à construire de la confiance. Une fois cette dernière acquise, le réseau peut alors servir de cadre à des échanges commerciaux. Développer son capital relationnel et le faire fructifier constitue un véritable travail et requiert de la méthode et du temps. Entretenir ses réseaux peut prendre environ 10 % du temps du consultant ! Pour plus d'informations et vous aider à choisir le bon réseau, n'hésitez pas à consulter *Le Guide des clubs, cercles et réseaux d'influence* (Village Mondial, 2007) de Laurent Renard : près de trois cents clubs et réseaux analysés, des critères de sélection (puissance du réseau, sélectivité, qualité du lien entre les membres, etc.), des tableaux de classement en fonction des différents critères, etc.

Voici quelques consignes à respecter pour réussir :

- définir son objectif relationnel en amont : que cherche-t-on (se faire des amis, développer son business, s'informer, se former, etc.)?
- planifier son action, car rien n'est pire que de se laisser aller sans points de repère : quel délai s'accorder pour atteindre ses objectifs?
- ne pas attendre un retour sous huit jours (cela va de soi, mais les impatients sont nombreux) : il faut du temps, du temps et encore du temps pour gagner la confiance des

autres membres du réseau ! Les débuts sont donc difficiles, mais le réseau récompense la ténacité ;

- ne pas se contenter d'être un nom dans un annuaire d'adhérents : c'est au contraire absolument contre-performant, les autres membres s'interrogeant sur la motivation de celui qui ne vient pas ;
- entretenir des rapports réguliers avec son réseau (une évidence !) ;
- utiliser les outils électroniques – moins chronophages – pour organiser le réseau et garder le contact avec lui ;
- participer à des réunions et à des conférences qui favorisent les contacts ;
- faire partie de forums sur Internet ;
- identifier dans le réseau les personnes pouvant aider à développer son activité et prendre soin d'elles : en un mot, leur accorder de l'attention.

Le conseil du professionnel

Ces conseils devraient vous aider à faire fructifier votre réseau.

1. Répondre à toutes les sollicitations et être clair sur son intérêt vis-à-vis de l'autre : l'absence de réponse à un message téléphonique ou électronique est pire que tout pour détériorer son image.

2. Appliquer le principe de l'offre et de la demande : le réseau est synonyme de réciprocité, donc n'hésitez pas à solliciter en échange l'un des membres du réseau qui exprime une demande.

3. Susciter l'intérêt… En quelques mots : accrocher l'intérêt des personnes qui nous intéressent en un temps record. Elles seront reconnaissantes si on leur permet d'économiser leur temps.

4. Donner du feed-back : informer ses contacts des suites des actions entreprises grâce à eux et s'organiser pour en garder le souvenir.

5. Remercier les contacts fructueux : le réseau a de la mémoire, n'hésitez pas à faire savoir à ceux qui sont d'une aide précieuse qu'ils ont été utiles !  

Actions de fidélisation

Elles s'adressent par définition à des clients actifs ou passés. Il s'agit d'entreprises qui connaissent déjà le cabinet de conseil, mais souvent sous l'angle de la dernière intervention pour laquelle elles l'ont sollicité. La proximité s'avère indispensable pour se rappeler à leur bon souvenir.

L'offre dite d'avantages statutaires

Afin de leur montrer que les clients du cabinet appartiennent à un cercle privilégié et restreint, l'idée consiste à développer une offre d'avantages dits «statutaires» : il s'agit de tout type d'action qui reconnaîtra le statut particulier de l'entreprise en sa qualité de client. Ces actions ne seront pas mises en œuvre pour les prospects du cabinet. Il peut s'agir d'un club de clients avec ses lieux et moments de rencontres, des informations en avant-première, des invitations privilégiées, un accès sécurisé à une plate-forme virtuelle d'échanges et d'information, etc. Ce type de démarche est facile à appliquer. Encore faut-il avoir constitué une base de données clients formalisée et bien renseignée et surtout faire vivre la relation client.

La proximité, l'atout maître

La proximité géographique avec les clients constitue un atout évident. L'augmentation de la présence sur le terrain par le jeu du nombre de visites assurées par les consultants s'avère à coup sûr fructueuse : identification régulière des besoins futurs, anticipation de la part du consultant… Il faut donc imaginer des prétextes commerciaux pour générer la rencontre, surtout s'il n'y a pas de relation contractuelle en cours. C'est toute la difficulté de la phase «en dehors de l'affaire» du marketing d'affaires pour maintenir la continuité de la relation. Malgré tous les outils de communication externe que le consultant pourra créer (journal d'information, campagne d'e-mailing, invita-

145

tions diverses, etc.), moins le client voit physiquement le consultant, moins il pense à lui.

Besoin de reconnaissance des clients

Les clients sont fiers si on leur propose de valoriser la relation commune client/consultant : par des témoignages à des tables rondes organisées par les conseils, par des articles dans le journal d'information de l'entreprise de conseil, par des sollicitations dans le cadre d'articles de presse à paraître où ils sont invités à témoigner. En un mot, par toutes les attentions régulières qui leur montrent qu'ils sont importants pour les conseils et que cette relation a de la valeur à leurs yeux. Les éléments de reconnaissance viendront encore accentuer la confiance que les clients placent dans leurs conseils.

Actions de support au développement commercial

Les actions «support» sont tout aussi importantes que celles de prospection et de fidélisation clients. Elles en constituent les fondations.

Le traitement de l'insatisfaction des clients

Inciter les clients à exprimer un éventuel mécontentement représente une chance de pouvoir convertir cette insatisfaction en une force d'adhésion et de fidélisation. Il est donc utile de recueillir l'insatisfaction, de la comprendre et de la traiter en mettant en œuvre d'éventuelles actions correctives. Cela doit se traduire par l'envoi d'une enquête de satisfaction systématique aux clients. Il ne faut pas hésiter à profiter de ce prétexte de prise de contact comme outil de développement commercial. Ajoutez par exemple en fin d'enquête :

- recommanderiez-vous notre société ?
- avez-vous un nouveau projet dans tel ou tel domaine ?
- accepteriez-vous un rendez-vous pour l'évoquer avec l'un de nos consultants ?

L'entreprise de conseil a tout à y gagner.

La veille commerciale

L'objectif numéro un est de fuir par-dessus tout l'anonymat de la relation entre le consultant et les prospects, c'est-à-dire la méconnaissance de la part des consultants de leurs cibles, des caractéristiques de leurs secteurs d'activité, etc. Pour réussir à vendre du conseil efficacement, il faut briser cette relation fondée sur l'ignorance des prospects. Il convient donc d'apprendre à les connaître et à se faire connaître d'eux : les identifier, les sélectionner et les rencontrer. Ce travail de recherche constitue une part importante de l'investissement commercial en conseil.

La qualité du premier contact client dépend dans une large mesure de son niveau de préparation en amont : ciblage, information préalable sur le client, premiers éléments de compréhension de sa ou de ses problématique(s). La façon dont le consultant présentera cette problématique (supposée ou réelle) dépendra bien sûr de plusieurs facteurs parmi lesquels ses enjeux actuels ou futurs, ses attentes et sa culture du conseil. Pour cela, le consultant doit disposer d'un système de veille adapté au suivi de ses marchés : une revue de presse (papier et Web) formalisée sur les secteurs d'activité ciblés, voire sur une poignée de clients que l'on souhaite mieux connaître, l'analyse d'études sectorielles ou thématiques publiées par des sociétés spécialisées, la rencontre avec des experts clés (professeurs d'universités, chercheurs) reconnus pour leur spécialité, etc.

Les relations presse

Gérer les relations presse nécessite un certain nombre d'outils et de pratiques spécifiques dont la bonne maîtrise s'avère indispensable pour une efficacité réelle : un fichier presse de qualité en particulier.

La rédaction d'articles peut être à l'initiative du consultant, mais il est préférable d'identifier au préalable un besoin et un interlocuteur. Les revues professionnelles disposent de leur cahier des charges annuel programmé au mois le mois en fonction des grands événements de la profession. Les rubriques récurrentes constituent souvent la chasse gardée de permanents ou de pigistes qui ont leurs habitudes pour solliciter les acteurs phares du conseil. Cependant, ils recherchent parfois à s'en distancer et à trouver de nouveaux contributeurs.

L'atout maître consiste à proposer au journaliste le témoignage d'un client, aux côtés de son consultant. L'intérêt du lecteur est le souci majeur du journaliste : un article de fond, même sur une thématique pertinente, aura donc moins d'attrait pour lui que le témoignage percutant d'une expérience réussie avec un conseil.

Le conseil du professionnel

Pour établir une bonne relation avec les journalistes de la presse professionnelle, il faut respecter quelques principes essentiels.

1. Accepter la transparence la plus grande possible puisqu'il est impossible d'avoir des rapports sincères en dissimulant des informations.

2. Savoir se rendre disponible pour les journalistes lorsqu'ils sollicitent le cabinet.

3. Instaurer une véritable coopération avec les journalistes importants pour le cabinet et ne pas oublier que c'est dans la durée que le respect réciproque peut s'installer et la relation devenir fructueuse pour les deux parties. 

Le développement des compétences commerciales des consultants

Le paradoxe le plus courant pour les consultants qui s'intéressent au développement commercial est de vouloir s'acharner sur des secteurs peu connus avec des interlocuteurs inconnus. Pour approcher le client final, réussir à obtenir un rendez-vous et potentiellement le transformer en mission, il faut remplir quatre conditions :

* une méthodologie d'approche par téléphone, en complément d'un courrier éventuel ou d'un e-mail ;

- l'appui éventuel d'un prescripteur de qui l'on peut se recommander (interne ou externe à l'entreprise);
- la démonstration de l'expertise;
- l'écoute.

Mais le pré-requis essentiel pour le consultant est de pouvoir être en relation avec un prospect et donc de disposer d'une méthode éprouvée de prise de rendez-vous. Le plus important pour en obtenir un, au-delà du savoir-faire téléphonique, est l'état d'esprit du consultant au moment de l'appel. Il doit se convaincre qu'il apporte une telle valeur ajoutée qu'il serait dommage de priver l'interlocuteur de l'opportunité d'une rencontre. Il n'est plus question alors de se vendre ou de vendre ses services, mais d'apporter une solution, du confort, en un mot du bonheur, au futur client. Il ne s'agit pas d'être arrogant et convaincu d'être devenu incontournable sous prétexte de l'expérience et de l'expertise. Il s'agit, au contraire, d'une posture très humble, qui requiert un très fort centrage sur l'autre, la recherche du bénéfice pour ce dernier et un oubli de son intérêt personnel et des bénéfices financiers de l'intervention éventuelle.

L'exercice est éprouvant, car il fait appel à des qualités et mobilise des énergies très différentes : confiance en soi, mais aussi oubli de soi, empathie et créativité, analyse, force de conviction tout en restant modeste, enfin acceptation du risque de se tromper dans l'identification du levier où le consultant pense pouvoir apporter un service.

L'œil du professionnel

Les domaines de développement des compétences commerciales sont nombreux et relèvent des différentes étapes de la vente.

1. La prise de contact et l'obtention de l'accord pour organiser une rencontre : techniques d'approche, conception et organisation de sa stratégie de contacts, vente d'un ren-

dez-vous à un prospect sans tenter de lui vendre la prestation par téléphone.

2. La découverte, l'analyse et la compréhension du besoin du client : éveil de l'intérêt en début d'entretien, assise de la crédibilité de l'entreprise comme fournisseur incontournable pour le prospect, stratégie de questionnement efficace pour découvrir les besoins, vente d'un besoin avant la vente de la solution.

3. La présentation de l'offre : l'argumentation, la réponse aux objections, la présentation commerciale à deux (ou plus) et la répartition judicieuse des rôles, le développement de la prescription d'un client pour en obtenir un autre, etc.

4. La négociation du contrat.

L'acte de vente pour un consultant lui impose de se détacher de ses savoir-faire techniques, de ses méthodes et outils et de se concentrer sur l'écoute du besoin de son client (potentiel). La clé magique pour réussir l'entretien de vente en conseil (une fois le rendez-vous obtenu) ne passe pas par la séduction du service proposé ni par sa capacité à argumenter et à convaincre. Il ne s'agit pas de centrer l'entretien sur les solutions que le consultant a à vendre. Il détourne ainsi l'intérêt du prospect de travailler avec lui. Le consultant ne vend pas de produits packagés, mais sa capacité à «travailler avec» son client dans un domaine qui est celui de son expertise et de son savoir-faire. Il s'agit donc de mettre cette capacité au centre de l'entretien de vente, recommande Joël Guillon[1]. On s'éloigne ainsi des techniques commerciales ayant mauvaise presse : séduire, convaincre, à la limite forcer la main. Cela n'est pas toujours facile à concrétiser, surtout si le prospect n'a pas envie de se dévoiler.

---

1. Consultant, spécialiste de l'amélioration des entretiens de vente, auteur de l'ouvrage *Vendre ses prestations*, Éditions d'Organisation (2003).

«*Pour convaincre, je suis obligé de mentir, de manipuler mon interlocuteur et de me comporter en bandit.*» Certains consultants peuvent faire illusion pendant un temps, mais pas sur le long terme. Le seul moyen d'inscrire une relation dans la durée est la confiance. Réussir une première vente «pied dans la porte» ne permet pas de tenir la distance. Ce qui manque la plupart du temps au consultant n'est pas sa capacité relationnelle qui, seule, ne suffit pas. Il s'agit de maîtriser les techniques des différentes étapes du processus de vente décrit ci-dessus : la prise de contact, la découverte du client, la présentation de l'offre et la négociation du contrat. C'est en cela que vendre pour un consultant ne doit pas être synonyme de transformation en «super-représentant de commerce». Il est beaucoup plus efficace de rester soi-même. Vouloir ressembler à un «super-vendeur» en utilisant des techniques épurées de vente forcée ne constitue pas la bonne voie et ne suscitera chez le prospect que de la méfiance. Ce propos est en soi rassurant pour le consultant qui découvre ainsi qu'il n'a pas à changer sa nature profonde, mais à se perfectionner dans l'écoute du besoin, sa stratégie de questionnement, la présentation de son offre, etc.

Le rôle du consultant dans la rencontre avec son prospect est bien celui d'un commercial. Ne pas assumer ce rôle ne rassure pas l'interlocuteur, bien au contraire : cela va l'inquiéter.

Entretien avec Philippe Lucas, directeur général, et **Ingrid Zemor**[1]**,** attachée de presse de Wellcom, agence conseil en communication de SYNTEC Conseil en Management.

En quoi les relations presse sont-elles l'un des principaux outils du développement commercial des cabinets conseil?

Le cabinet conseil ne vend pas des produits, mais du service, c'est-à-dire quelque chose d'intangible. Pour vendre du service, il faut créer un ensemble d'outils susceptibles de concourir à donner l'envie d'acheter. C'est cette envie qu'il faut essayer de susciter par la mise en œuvre d'éléments de réassurance grâce aux trois piliers basiques de la communication. C'est d'abord un support éditorial : une plaquette de présentation, un site Web, soit les premiers points de contact qui permettent de donner une visibilité au prestataire de conseil. Ce sont des outils simples que trop souvent les cabinets conseil négligent et qui permettent tout simplement d'exister. Le deuxième outil possible, c'est la publicité. Aujourd'hui, la tendance des conseils est d'utiliser des testimoniaux (des prises de parole de leurs clients) comme outils publicitaires. Les acteurs du conseil sont entrés grâce à ces outils dans une démarche de recherche de la preuve de leur efficacité. Enfin, le troisième outil le plus légitime pour le conseil est constitué par les relations presse.

Quelle est l'origine de cette légitimité?

Ce n'est plus le cabinet conseil qui affirme son utilité et son efficacité, mais un tiers de confiance. C'est là que l'information prend toute sa valeur et sa puissance. Le tiers de confiance se positionne comme un garant de l'intérêt et de la qualité des actions menées par le cabinet. Les relations presse peuvent s'appuyer sur deux leviers d'information : la spécificité, la singularité, le pouvoir de séduction professionnel d'un homme et

---

1. Interview de l'auteur du 31 mai 2007.

la mise en lumière d'une démarche, d'un process de travail ou la mise en exergue d'une expertise. Ces hommes, consultants dirigeants ou non, doivent être connus ou reconnus par l'environnement dans lequel ils évoluent. L'attaché de presse réalise alors un portrait, témoigne d'une *success story* et relate l'expertise du consultant, ses compétences, ses expériences réussies. Il s'agit de donner envie à un acheteur ou à une entreprise qui a besoin de conseils de rencontrer cet homme qui peut incarner une solution possible. Le deuxième levier sur lequel les relations presse peuvent travailler, sans doute le plus pérenne, le plus solide et le plus objectif, consiste à donner de la visibilité à l'expertise de l'entreprise de conseil. Il s'agit de communiquer des informations institutionnelles, les chiffres de l'entreprise et des messages relatifs à son actionnariat, son histoire, son offre et ses savoir-faire.

Comment mettre en avant ses domaines d'expertise?

La mission des relations presse est d'utiliser l'actualité pour essayer de la mettre dans des perspectives de recours au conseil. Les sujets ne manquent pas. Prenons pour exemple le «papyboom», sujet dont s'emparent les journalistes de manière récurrente. C'est un thème sur lequel les cabinets de conseil en ressources humaines peuvent témoigner, mettant en avant leurs accompagnements dans le cadre de démarches de gestion prévisionnelle des compétences, de transfert d'expertise, d'évaluation des potentiels… Le rôle d'une agence de relations presse ne se limite pas pour autant à faire le lien avec les supports éditoriaux. Son métier est aussi d'aider l'entreprise de conseil à structurer ses messages et son offre de communication et donc son offre commerciale! Elle n'est pas seulement un porte-voix.

Quels sont les principes essentiels pour établir une bonne relation avec les journalistes de la presse professionnelle?

Il faut d'une part distinguer la presse économique de la presse dite professionnelle, spécialisée sur des sujets marketing, RH, management, etc. Les sujets que l'on peut aborder avec la première sont par définition plus larges, plus sociétaux. Il est plus difficile de se positionner en qualité d'expert sur des problématiques globales : le chômage, les salaires, la démographie... Mais ce sont des sujets récurrents, des «marronniers». À nous de positionner nos clients des cabinets conseil de la façon la plus pertinente, celle qui apportera le plus de valeur ajoutée. Les journalistes font souvent appel aux mêmes acteurs du conseil parce qu'ils les connaissent bien, mais ils restent friands de nouvelles sources. C'est le rôle de l'attaché de presse de les faire connaître en étant pro-actif et force de proposition pour le journaliste. L'un des facteurs clés de succès, essentiel pour établir de bonnes relations avec les journalistes, consiste à nouer des liens privilégiés avec eux. Il s'agit de leur donner de l'information pertinente, c'est-à-dire qui va nourrir réellement les dossiers sur lesquels ils travaillent. Certains journalistes sont très spécialisés. Ils connaissent très bien leur domaine et attendent des informations pointues. Les pigistes chargés d'un dossier ne connaissent pas nécessairement aussi bien le sujet. Il faut alors entrer dans une relation d'aide à leur égard, leur donner des points de repère et les accompagner dans leur travail d'investigation.

Le journaliste est-il un prescripteur utile en conseil?

Son rôle n'est pas de faire la publicité du cabinet de conseil. Si le message que vous voulez apporter ressemble de près ou de loin à un message publicitaire, ne faites pas de relations presse. Le journaliste est un prescripteur par excellence du conseil. Le consultant doit être très soucieux de la justesse, de l'objectivité et de la singularité des informations qu'il communique au journaliste. S'il s'agit d'évoquer des lieux communs, le consultant n'a aucune chance de se faire entendre. Inviter un journaliste à déjeuner et n'évoquer avec lui que des sujets trop banals pour être susceptibles de l'intéresser, c'est lui faire perdre son temps, quelle que soit la qualité du menu. C'est d'autant plus préjudiciable pour le consultant, qui perdra tout crédit pour l'avenir. Le mot d'ordre est donc : de l'information, oui, mais de l'information utile. Le flou des métiers du conseil ne rend d'ailleurs pas la tâche aisée.

De ce point de vue, la nouvelle segmentation du conseil doit-elle rendre les choses plus claires pour les journalistes?

Il faut du temps. En mettant en place un véritable échange d'informations, il faut faire un travail de rééducation auprès des journalistes pour les aider à comprendre les spécificités du monde du conseil. Il faut leur donner l'information pertinente au bon moment, leur expliquer ce qu'est le conseil, les métiers que cette terminologie recouvre, les différences avec l'audit. Le scandale Enron reste encore dans tous les esprits et les amalgames sont faciles. Les outils d'information n'ont jamais été aussi puissants qu'aujourd'hui. Ce qui veut dire que, si l'on rencontre un journaliste pour l'informer sur des données qu'il peut trouver de façon évidente sur Internet, cela ne sert à rien. On a rarement plusieurs opportunités de faire une première bonne impression.

Le journaliste est-il ainsi un acheteur d'informations?

Ce qui est valable avec un client l'est aussi avec un journaliste. La relation avec la presse est un acte de vente en soi : d'informations, de conseils, de compétences, d'expertises. C'est le consultant qui est vendeur. Le journaliste n'est pas acheteur. Il tient à sa liberté. Il est critique, il recherche l'information juste. Il n'a jamais été aussi important de préparer un entretien avec un journaliste. Il ne faut surtout pas chercher à tout dire. Il faut définir les deux ou trois arguments à mettre en avant, les points d'accroche grâce auxquels on gagne la confiance.

Le plus important est-il de choisir l'information clé et les médias en accord avec le positionnement du client?

Il ne faut pas se focaliser sur les seuls médias qui vous flattent. Une double page dans *Voile et Voiliers* qui évoque un consultant renommé faisant le tour du monde en bateau aura plus d'impact qu'un entrefilet dans *Les Échos* ou *La Tribune*. Les clients susceptibles d'acheter du conseil sont aussi des gens qui aiment la voile, le golf ou l'art… L'approche affinitaire (l'exemple de la voile) est rarement utilisée. Le cabinet conseil doit être présent dans la presse, mais de façon intéressante, intelligente et en apportant de la nouveauté. L'usure du temps est pire que tout : une citation tous les mois dans *Les Échos* n'assure pas pour autant une bonne visibilité. Les moyens financiers des majors leur donnent la possibilité d'être présents partout. Mais leur spécificité sur le marché est-elle claire pour autant aux yeux de leurs clients? La qualité prévaudra toujours sur la quantité. La singularité de l'information est la clé de relations presse réussies et pérennes.

Conclusion

«*Le conseil s'achète, mais ne se vend pas.*» La relation conseil/ client prime sur la stricte relation commerciale et le prix importe moins que la valeur créée ensemble par le client et le consultant.

Dans un contexte où les cycles commerciaux en conseil s'allongent et où les cycles de réalisation diminuent, les clients sont devenus des consommateurs de conseil matures et avertis. Certes, les cycles de vente s'allongent, mais il faut souvent répondre dans l'urgence à un appel d'offres et le résultat de la consultation peut, lui, se faire attendre plusieurs mois… C'est pourquoi il convient de repérer les canaux commerciaux les mieux adaptés et d'allouer ses ressources commerciales judicieusement. La dominance de la prescription en conseil recommande sans doute de développer un vrai savoir-faire en matière de lobbying. Mais adhérer à un réseau sans s'y investir vraiment est voué à l'échec en termes de développement de contacts et peut même devenir contre-productif, le consultant étant identifié comme un simple vendeur.

Par ailleurs et paradoxalement à l'essence même de la relation de conseil, la pratique de l'appel d'offres est devenue quasi systématique, même et surtout dans le cadre d'un renouvellement de contrat. Ces procédures ne permettent parfois pas un face-à-face physique avec le client. Cela est classique dans le secteur public et se développe également dans le secteur privé, dépersonnalisant ainsi la relation commerciale.

La première recommandation à tout consultant tient au conseil suivant : être proche de ses clients avant de chercher de nouveaux prospects. En synthèse, être un «éleveur» avant d'être un «chasseur»! Les entreprises de conseil envisagent trop souvent leur développement commercial en termes de chasse de nouveaux clients et négligent les opportunités que représentent leur capital clients et le fait de cultiver celui-ci.

Le deuxième conseil utile est de se montrer sélectif sur les canaux de développement des affaires à privilégier. Il s'agit de se lancer dans la vente de conseil, mais pas à l'aveuglette… En un mot, il faut tenir compte des spécificités de la vente de conseil, largement évoquées dans cet ouvrage. Ne pas le faire conduit inéluctablement à l'usure, à la perte de temps, de confiance en soi et détourne du métier de conseil un grand nombre de personnes de valeur. Ils se convainquent que ce n'est pas leur démarche commerciale qui est en cause, mais le marché qui est obstrué. Alors commencent la remise en cause, une dévalorisation de soi et une culpabilité qui ne mènent qu'à l'échec.

Enfin, en respectant les caractéristiques intrinsèques de la vente du conseil, la dernière recommandation consiste à retrouver le plaisir de la rencontre, de l'échange et de la conquête commerciale, et ce, malgré la pression du carnet de commandes. L'inertie liée au développement commercial en conseil évoquée plus haut – la longueur de l'attente des réponses aux appels d'offres – produit un impact mental qu'il faut apprendre à gérer.

La compétence commerciale ne constitue pas forcément un savoir-faire inné du consultant, mais un savoir-faire qui peut être professionnalisé. Tous les consultants ne sont pas égaux dans leur aptitude personnelle au développement commercial, qui s'acquiert et peut être améliorée si les aptitudes de départ sont favorables.

Les conseils nécessaires aux acheteurs et à tous les utilisateurs du conseil tiennent dans la compréhension de cette particularité si spécifique des métiers de l'aide et de l'accompagnement : les professionnels du conseil sont souvent des experts de leur domaine. Cette expertise ne saurait être comparable à l'achat de biens matériels, tangibles, mesurables, en un mot réels. C'est donc sur la confiance que l'achat doit se faire. Cette confiance n'est pas innée, sa preuve doit en être apportée par tous les moyens offerts au cabinet de conseil : la presse, les témoignages de clients, l'expérience. Aux acheteurs du conseil de permettre que cette confiance se maintienne entre les commanditaires, utilisateurs des prestations de conseil, et les consultants, qui sont la majeure partie du temps leurs premiers interlocuteurs.

Remerciements

Qu'il me soit permis en quelques lignes d'exprimer tous mes remerciements aux professionnels qui ont bien voulu m'accorder du temps en répondant à mes questions et dont les témoignages viennent enrichir le corps de cet ouvrage : Fabienne Bernard de Jandin, Lise Letondel-Guia, Olivier Lowes, Florence Nony, Érik Pillet, Élisabeth Raynalt, Ingrid Zemor et Philippe Lucas.

Merci à Francis Petel et à Armand Dayan pour leur disponibilité et la qualité de nos échanges dans l'enceinte de l'École supérieure de commerce de Paris. Ils ont motivé sans le savoir mon envie d'écrire.

Toute ma gratitude va à Jean-Luc Placet pour l'honneur qu'il m'a fait d'accepter de soutenir mon projet et à Bernard Coulaty de m'avoir donné dès la première heure son accord pour participer à l'aventure.

Un remerciement particulier à Michel Noiry pour l'attention qu'il a portée à mes demandes, son engagement dans l'étude des évolutions des métiers du conseil et sa gentillesse.

Merci également à Anne Depret pour la qualité de nos échanges quotidiens qui animent ma réflexion.

Merci à Marguerite Cardoso, mon éditrice, pour tous ses conseils avisés.

Enfin, toute ma reconnaissance à Jean-Claude Merlane, mon relecteur, pour son soutien et ses encouragements à concrétiser ce projet.

Bibliographie

BOUCHEZ Jean-Pierre, SIMONET Jean, PELADE Joël et GILBERT Patrick, *Le Conseil : le livre du consultant et du client*, Éditions d'Organisation, 2003.

BOUCHEZ Jean-Pierre, *Les Nouveaux Travailleurs du savoir*, Éditions d'Organisation, 2004.

BOUCHEZ Jean-Pierre, *Manager les travailleurs du savoir*, Liaisons, 2006.

CHADUTEAU Olivier, *Positionnement et développement des cabinets de services professionnels*, EMS, 2006.

COVA Bernard et SALLE Robert, *Le Marketing d'affaires – Stratégies et méthodes pour vendre des projets ou des solutions*, Dunod, 2ᵉ éd., 2003.

DAYAN Armand, *Marketing B to B*, Vuibert, 5ᵉ éd., 2003.

FAGOTAT Isabelle et HUGOT Jean-Baptiste, *Entrer et travailler dans le conseil et l'audit*, Éditions du Management, 2006.

GADREY Jean, GALLOUJ Camal, GALLOUJ Faïz, MARTINELLI Flavia, MOULAERT Frank et TORDOIR Pieter, *Manager le conseil – Stratégies et relations des consultants et de leurs clients*, Édiscience International, 1992.

GARDIE Jean-Luc, TOURETTE François et VASSEUR Frédéric, *Achats de prestations intellectuelles – Les bonnes pratiques*, Botega, 2005.

GUÉNARD Brigitte (sous la responsabilité de), *Le Conseil interne – Mobilité et partage des connaissances*, Éditions d'Organisation, 2006.

GUILLON Joël, *Vendre ses prestations*, Éditions d'Organisation, 2003.

LECLERCQ Xavier, *Négocier les prestations intellectuelles*, Dunod, 2002.

MALAVAL Philippe et BENAROYA Christophe, *Marketing Business to Business – Du marketing industriel au marketing des affaires*, Pearson Education, 3e éd., 2005.

MALAVAL Philippe, *L'Essentiel du marketing B to B*, Publi-Union, 1999.

PEREZ Yves-André, *Le Grand Guide du métier de consultant*, Maxima, 5e éd., 2007.

POMPEÏ Catherine, BRÉCHOT Roland, *Consultants : comment trouver vos premières missions et développer votre business*, Dunod, 2005.

PY Pascal, *Méthodes et astuces pour concevoir et piloter un Plan d'Actions Commerciales – Le break concurrentiel*, Éditions d'Organisation, 2005.

PY Pascal, *Faire accepter son prix à ses clients*, Éditions d'Organisation, 2e éd., 2007.

STERN Patrice et TUTOY Patricia, *Le Métier de consultant – Principes, Méthodes, Outils*, Éditions d'Organisation, 5e éd., 2003.

VILLETTE Michel, *Sociologie du conseil en management*, La Découverte, 2003.

ZEYL Alfred et DAYAN Armand, *Force de vente – Direction, Organisation, Gestion*, Éditions d'Organisation, 3e éd., 2003.

Mots clés

Dépôt légal : janvier 2022

Imprimé en France